Wilhelm Emmanuel Freiherr von Ketteler

Der Religionsunterricht in der Schule

Verlag
der
Wissenschaften

Wilhelm Emmanuel Freiherr von Ketteler

Der Religionsunterricht in der Schule

ISBN/EAN: 9783957006172

Auflage: 1

Erscheinungsjahr: 2015

Erscheinungsort: Norderstedt, Deutschland

Hergestellt in Europa, USA, Kanada, Australien, Japan
Verlag der Wissenschaften in Hansebooks GmbH, Norderstedt

Cover: Fra Angelico "The Deposition from the Cross"

Der Religionsunterricht
in der
Volksschule.

Ein Hirtenbrief

von

Wilhelm Emmanuel,
Freiherrn von Ketteler,
Bischof von Mainz.

Mainz,
Verlag von Franz Kirchheim.
1858.

Der Beginn der heiligen Fastenzeit bietet mir in jedem Jahre eine erwünschte Gelegenheit, aus dem Schatze heiliger Wahrheiten, den Gott in seiner Kirche hinterlegt hat, die eine oder die andere hervorzuheben, die mir für das Heil Eurer Seelen besonders wichtig zu sein scheint. Die Auswahl dieses Gegenstandes ist deßhalb immer ein Geschäft der ernstesten Prüfung und Erwägung.

Im vorigen Jahre habe ich mich verpflichtet gehalten, die Heiligung der Tage des Herrn, der Sonn- und Feiertage, Euch, geliebte Diöcesanen, an das Herz zu legen. Ich glaubte keinen wichtigeren Gegenstand behandeln zu können. Die Heiligung oder Entheiligung dieser Tage ist ja nicht nur eine einzelne gute oder böse That, sondern vielmehr eine reiche Quelle, ein breiter Strom des Segens oder des Fluches. Ich hege die tröst= liche Zuversicht, daß Viele von Euch meine Worte mit kind= licher Ehrfurcht und Folgsamkeit aufgenommen haben. Um so mehr halte ich mich aber verpflichtet, eine Uebertretung offen zu rügen, die zu meinem großen Schmerze vorgefallen ist.

Nach vielen Jahren großer Unfruchtbarkeit hat Gott endlich in dem verflossenen Jahre die Weinberge reichlich gesegnet. Ueberdies hat Gott in seiner großen Güte in der Zeit der Weinlese uns ein ununterbrochen günstiges Wetter geschenkt. Kein einziger Tag konnte zu irgend einer begründeten Furcht wegen der Witterung Veranlassung geben. Das Alles war gewiß dringender Grund, Gott innig zu danken und jede Uebertretung seines göttlichen Willens recht sorgfältig zu meiden. Es hat mich deshalb tief betrübt, hören zu müssen, daß man selbst in diesem Jahre, wo jeder Schatten eines Grundes fehlte, sich nicht gescheut hat, in einigen Gemeinden an Sonn= und Feiertagen in den Weinbergen zu arbeiten und die Trauben zu lesen. Ich sehe mich daher veranlaßt, zu erklären, daß alle Winzer und Taglöhner, welche an den bezeichneten Tagen längere Zeit in den Weinbergen gearbeitet haben, ohne von ihren Dienst= und Brodherren so gezwungen zu sein, daß sie im Falle der Weigerung brodlos geworden wären, ohne Zweifel eine Sünde begangen haben. Die Brodherren und Herrschaften aber haben außer der Sünde ihrer Arbeiter auch noch jene auf sich geladen, von welcher der Heiland sagt: **Wehe dem Menschen, durch den Aergerniß kömmt**[1]).

Ich gehe nun zu dem überaus wichtigen Gegenstande über, auf den ich in diesem Jahre Eure Aufmerksamkeit zu lenken mich verpflichtet halte.

Vor etwa zwei Jahren habe ich einen neuen Diöcesan=Katechismus eingeführt. Da jeder katholische Katechismus immer nur

---

1) Matth. 18, 7.

die Lehre Christi enthält, so kann er nur bezüglich des Ausdruckes und Umfanges neu sein, während der wesentliche Inhalt immer derselbe bleibt. Nur in der bezeichneten Hinsicht kann auch der eine katholische Katechismus besser wie der andere sein. Bis gegen Ende des vorigen Jahrhunderts war der Katechismus des seligen Pater Canisius das Lehrbuch der Religion fast des gesammten katholischen Volkes in Deutschland. Auch in der alten Mainzer Erz-Diöcese ist er dritthalb hundert Jahre von einem Geschlecht zum anderen der Leitfaden des christlichen Unterrichts gewesen. Diese Verbreitung desselben Katechismus war ein unaussprechlicher Segen für unser ganzes deutsches Vaterland. Wir können nur das Walten der göttlichen Vorsehung darin erkennen, daß es dem seligen Canisius gelungen ist, einen Katechismus zu schreiben, den das katholische Volk so lange Zeit mit immer gleicher Liebe gebrauchte und den es endlich nur mit Schmerz aus der Hand gab. Kein Katechismus wird aber für alle Zeiten gleich brauchbar bleiben. So nachtheilig der Wechsel ist, so tritt doch endlich die Nothwendigkeit desselben ein. Die Lehre der Kirche wechselt nicht, und jedes Wort Jesu Christi bleibt in ihr bis an das Ende der Welt; die Feinde der Kirche aber und die Angriffe auf die Lehre Christi wechseln ohne Unterlaß, und deshalb kann auch die Vertheidigung nicht immer dieselbe bleiben. Wie in gewissen Zeiten sich ganz eigenthümliche Krankheitszustände verbreiten, gegen welche die Aerzte in den Heilkräften, die Gott in die Natur gelegt hat, neue Mittel aufsuchen, so entstehen immer neue geistige Krankheiten, neue Systeme der Lüge, die durch ihre Neuheit einen trügerischen Schein des Lichtes verbreiten, und gegen welche die Kirche aus dem alten Schatze göttlicher Wahrheiten, den sie bewahrt, immer neue Waffen des göttlichen Lichtes zu Tage bringt. Da aber die katholischen Kinder nach dem Worte des Apostels Paulus wie gute Soldaten Christi[1]) erzogen werden sollen, so muß auch der Katechismus nach großen, gewaltigen Abschnitten in dem Riesenkampfe zwischen dem Reiche Christi und dem Reiche der Welt einige Veränderungen erleiden, die den Zweck haben, die Lehre Christi, welche immer dieselbe bleibt, so zu behandeln, daß die Darstellung dem Bedürfnisse der Kinder entspricht und jene Wahrheiten besonders hervorhebt, welche die göttlichen Heilsmittel gegen die Irrthümer der Zeit enthalten. Keine Arbeit ist nun schwieriger als die, einen guten Katechismus zu schreiben, — keine ist wichtiger.

Jede geoffenbarte Wahrheit hat zwei Seiten: nach der einen reicht sie in die unendliche Tiefe des Wesens Gottes, — nach der anderen läßt sie sich hinab bis in die Kinderseele, wo sie das Ebenbild Gottes in seiner tiefsten Verborgenheit unter der Einfalt des Kindes antrifft, zugleich aber mit einer wunderbaren Fähigkeit der Ausbildung für Gott, der Erhebung bis zu Gott. Diese beiden Seiten muß nun der Katechismus in dem Ausdrucke der göttlichen Wahrheiten an sich haben. Er muß so einfach sein, daß er der Kinderseele zugänglich ist; er muß so tief sein, daß er die Seele zu Gott erhebt und kein Menschengeist ihn ausdenken kann; er muß endlich in jeder Begriffsbestimmung an sich richtig und ein treuer Ausdruck der Lehre Christi sein. Diese Aufgabe ist so schwer, daß wir uns nicht wundern können, wenn es in

---

1) 2 Tim. 2, 3.

einer Zeit, wo die Einführung eines neuen Katechismus nothwendig wird, nicht sofort gelingt, den zu finden, der dann wieder für lange Zeit und viele Geschlechter das Lehrbuch des christlichen Volkes ist. Es genügt auch nicht, einen guten Katechismus in einer Diöcese zu haben; es ist vielmehr höchst wichtig, den möglichst besten zu besitzen, und so schädlich auch der häufige Wechsel ist, so ist es dennoch besser, um einen sehr vorzüglichen Katechismus zu erhalten, einige Male zu wechseln, als einen für den Unterricht der Jugend weniger geeigneten Katechismus bleibend beizubehalten. So konnten denn auch in dieser Diöcese nach Abschaffung des Katechismus des seligen Canisius einige Schwankungen nicht ausbleiben.

Als ich daher den bischöflichen Stuhl bestieg, konnte ich mir nicht verhehlen, daß es meine Pflicht sei, den in mancher Hinsicht sehr vorzüglichen, für den Unterricht der Jugend aber nicht ganz geeigneten Katechismus, den ich vorfand, durch einen anderen zu ersetzen. Nach langer Prüfung habe ich mich endlich für den von dem ehrwürdigen Pater Deharbe verfaßten Katechismus entschieden. Zunächst hat mich dazu der Umstand bestimmt, daß derselbe in den meisten deutschen Bisthümern schon eingeführt war. Wir können also hoffen, daß er bestimmt ist, in Deutschland dieselbe Allgemeinheit zu erlangen, wie der Katechismus des seligen Canisius, was unendlich segensreich sein würde. Ferner hat mich aber eine ganz eingehende persönliche Prüfung und die dadurch gewonnene Ueberzeugung von dem ganz ausgezeichneten Werthe des erwähnten Katechismus bewogen, ihn zu wählen. Der hochwürdige Verfasser hat sich der Mühe unterzogen, ihn noch einmal für den Gebrauch in meiner Diöcese hier, unter meinen Augen, zu überarbeiten, und so ist er in seiner jetzigen Gestalt erschienen. Ich habe, geliebte Diöcesanen, diese Angelegenheit als die Erfüllung einer der wichtigsten Pflichten meines bischöflichen Amtes angesehen und den jetzigen Katechismus mit der Hoffnung eingeführt, daß er geeignet sei, den Canisius zu ersetzen und durch viele Geschlechter, von Vater auf Sohn, das Lehrbuch in der Wissenschaft des Heiles für das christliche Volk dieser Diöcese zu werden. Die Einführung selbst habt Ihr, in Verbindung mit dem Eifer der Herren Pfarrer, mir sehr erleichtert. Von keiner einzigen Seite ist irgend eine Klage an mich gekommen, und Ihr habt vielmehr die aus der Einführung erwachsenen unvermeidlichen Ausgaben freudig getragen. Ich sage Euch dafür meinen oberhirtlichen Dank.

Aber auch die Erfolge entsprachen bisher meinen Erwartungen in solchem Maße, daß ich immer mehr vertraue, mich über den ausgezeichneten Werth des Katechismus nicht getäuscht zu haben. Seit der Einführung habe ich schon viele Schulen besucht und den Prüfungen im Religionsunterrichte mit noch größerer Aufmerksamkeit, wie früher, beigewohnt. Nur in ganz wenigen Schulen war ich gänzlich unbefriedigt. In solchen Fällen lag aber die Schuld nicht an dem Katechismus, sondern an dem Unterrichte, der den Kindern gegeben war. In weitaus den meisten Schulen habe ich dagegen einen so befriedigenden, in anderen einen so ausgezeichneten Fortschritt in den Religionskenntnissen angetroffen, daß ich von innigem Danke und heiliger Freude wahrhaft erfüllt wurde; denn was könnte mir mehr Grund zur

Freude sein, als die Wahrnehmung, daß den Kindern das Brod des Lebens gut und reichlich dargereicht wird.

Da wir also einen Katechismus von ausgezeichnetem Werthe besitzen, so kömmt es nunmehr darauf an, aus demselben allen Nutzen zu ziehen, den ein guter Katechismus einer Diöcese bringen kann. Der beste Katechismus bleibt ohne Frucht, wenn er nicht gut gebraucht wird. Alle, die Gott berufen hat, an dem Heile der Kinder mitzuarbeiten, insbesondere also Pfarrer, Lehrer und Eltern, müssen mit vereinten Kräften auf dieses Ziel hinwirken. Sie Alle müssen von der hohen Bedeutung des Religionsunterrichtes durchdrungen sein und dieselben Ansichten über den rechten Gebrauch des Katechismus haben. Der Zweck dieses Hirtenbriefes ist es nun, Euch, geliebte Brüder und Priester, Euch, theuere Lehrer, und endlich Euch, geliebte Eltern, zu dieser gleichmäßigen Benutzung, zu dieser gegenseitigen Unterstützung bei dem so unaussprechlich wichtigen Geschäfte des Religionsunterrichtes der Kinder aufzufordern. Folget daher mit aller Aufmerksamkeit meinen Worten, die Gott segnen und für die er Eure Herzen öffnen möge.

I.

Um die Bedeutung des Religionsunterrichtes richtig zu erkennen und also unsere Pflichten gegen die Kinder in dieser Hinsicht in ihrem ganzen Umfange zu würdigen, müssen wir vor Allem den Unterschied zwischen allen anderen Unterrichtsgegenständen und dem Gegenstande der christlichen Religionslehre hervorheben.

Der heil. Apostel Johannes bezeichnet den Unterschied zwischen der Lehre des Moses und der Lehre Jesu Christi mit den Worten: **Das Gesetz wurde durch Moses gegeben, Gnade und Wahrheit aber ist uns durch Jesum Christum geworden. Niemand hat Gott je gesehen; der eingeborene Sohn, der im Schoße des Vaters ist, der hat ihn uns kund gemacht**[1]. Nach dem Sündenfalle der ersten Menschen und nach ihrer Verstoßung aus dem Paradiese war kein Mensch Gott mehr so nahe gekommen, wie Moses. Gott führte ihn auf den Berg, wo er sich ihm in besonderer Weise offenbarte und mit ihm sprach, so daß, wie die heilige Schrift erzählt, **sein Antlitz glänzte, weil Gott mit ihm geredet hatte**[2]. So war das Gesetz des Moses geheiligt, weil er es unmittelbar von Gott empfangen hatte. Einen weit höheren Werth hat aber die Gnade und die Wahrheit, die Christus uns gebracht hat. Er ist nicht, wie Moses, nur auf dieser Erde geboren und auf einen Berg gestiegen, um dort göttliches Licht zu empfangen und es dann in die Finsterniß, die unten am Fuße des Berges, auf den Wohnungen der Menschen ruht, hinabzutragen; er ist vielmehr, wie der heilige Apostel unmittelbar vorher sagt, das Wort, das im Anfange bei Gott war, das selbst Gott ist, wodurch Alles gemacht ist, was gemacht ist; — er ist selbst das Leben und das wahre Licht, das alle Menschen erleuchtet; — ja er ist der eingeborene Sohn Gottes, der im Schoße des Vaters ist. Dieser wunderbare Ausspruch des heil. Johannes, durch den er die ganz einzige Erhabenheit der Lehre Jesu aus-

---

[1] Joh. 1, 17. 18. — [2] 2 Mos. 34, 29.

drücken will, *in sinu Patris*, im Schoße des Vaters, bedeutet die vollkommene Vereinigung des Vaters und des Sohnes in einer und derselben göttlichen Wesenheit, die vollkommene Gemeinschaft aller göttlichen Eigenschaften zwischen dem Vater und dem Sohne, namentlich die Gemeinschaft der unendlichen Weisheit und der ewigen Rathschlüsse.

Aus diesen Wahrheiten schließt also der heilige Apostel: Niemand hat noch Gott gesehen, so wie er ist, in seiner Wesenheit, selbst Moses nicht; deshalb konnten auch alle die Boten Gottes, welche bisher zu uns geredet haben, doch immer nur unvollkommen uns die Kenntniß Gottes mittheilen. Christus aber ist selbst Gott, ist ewig im Schoße seines Vaters und deshalb *ipse enarravit*, **er hat uns Gott kund gemacht** und uns die höchste Erkenntniß Gottes mitgetheilt. Moses konnte nur verkünden, was er auf dem Berge von Gott gehört hatte, Christus aber, der von sich sagt: **Ehe Abraham war, bin ich**[1]), verkündet uns, was er von Angesicht zu Angesicht ewig geschaut, was er selbst als Gott ewig besessen hat. **Aus seiner Fülle haben wir Alle empfangen**[2]), d. h. in ihm ist alle Wahrheit und Gnade nicht wie ein fremdes, verliehenes Gut, sondern wie ein eigener, ursprünglicher, unendlicher Schatz, wie eine ewige, volle Quelle, nämlich in der göttlichen Wesenheit, und wenn er den Mund aufthut, um uns zu belehren, so theilt er aus sich selbst, aus seinem Eigenthume, aus der Quelle, Gnade und Wahrheit mit. Wenn Christus durch sein Wort die Welt erleuchtet, so leuchtet er nicht, wie Moses, durch ein erborgtes Licht, nur

---

1) Joh. 8, 58. — 2) Joh. 1, 16.

durch die Nähe Gottes, sondern er selbst ist als Gott das ewige Licht, und mit seinem eigenen Lichte erleuchtet er alle Menschen, die in die Welt kommen. Moses ist ein Bote, der uns von dem Könige der Ewigkeit, von dessen Antlitz wir verbannt sind, einige Nachricht, wie aus einer fernen, glücklichen Heimath, bringt; Christus aber ist der König der Ewigkeit selbst, der Unsterbliche und Unsichtbare, der uns von Gott und unserer Heimath Nachricht bringt. Weil wir durch die Sünde die ursprüngliche Erkenntniß Gottes verloren haben und zur Anschauung Gottes nicht mehr gelangen können, so hat er Menschengestalt angenommen, um uns ein Spender des Lichtes und ein Lehrer der Wahrheit zu werden, um uns durch Licht und Wahrheit wieder zum ewigen Lichte, zur ewigen Wahrheit zurückzuführen. Durch die Anschauung Gottes in der Erniedrigung der Menschennatur sollen wir zur übersinnlichen und übernatürlichen Anschauung Gottes in seiner Wesenheit erhoben werden. Das, Geliebte, ist die Lehre des Apostels Johannes über den Unterschied zwischen der Lehre Jesu und der Lehre des Moses. Und in voller Uebereinstimmung mit seinem geliebten Jünger sagt der Heiland selbst von sich: N i e m a n d k e n n t d e n S o h n, a l s d e r V a t e r, u n d N i e m a n d d e n V a t e r, a l s d e r S o h n u n d w e m e s d e r S o h n o f f e n b a r e n w i l l [1]. Das ist derselbe Gedanke. Der Heiland will den Patriarchen und Propheten nicht alle Erkenntniß des wahren Gottes absprechen. Sie erkannten aber Gott weit unvollkommener und in ganz anderer Art, wie Jesus Christus. N i e m a n d k e n n t d e n V a t e r, a l s d e r S o h n, d. h. so vollkommen wie

---

1) Matth. 11, 27.

ich, so ganz wie er ist, weil nur ich das ganze Wesen und somit die volle Erkenntniß des Vaters besitze. Ich bin aber von dem Vater als der Lehrer der Welt bestellt, und wer deßhalb zur Wahrheit und Seligkeit, die im Vater ist, gelangen will, der muß auf mein Wort hören, an mich glauben, durch mich zum Vater gelangen. **Ich bin der Weg, die Wahrheit und das Leben, Niemand kommt zum Vater, als durch mich** [1]).

Alles aber, was ich bisher über den Unterschied zwischen dem Gesetze des Moses und der Lehre Christi gesagt habe, gilt natürlich in noch weit höherem Maße von dem Unterschiede zwischen dem christlichen Religionsunterrichte und allen anderen Lehrgegenständen, die nicht einmal, wie das Gesetz des Moses, auf göttlicher Offenbarung, sondern ganz auf natürlicher Erkenntniß beruhen. Wenn die Kinder in der Lehre Jesu unterrichtet werden, so wird ihnen ein Brod dargereicht, welches Christus aus dem Schoße seines Vaters auf die Welt herabgebracht hat. Wenn aber die Kinder in den anderen Lehrgegenständen unterrichtet werden, so genießen sie ein Brod, das auf dieser Erde gewachsen ist. Das ist ihr wahres Verhältniß. Darin liegt keine Geringschätzung der übrigen Lehrgegenstände, die vielmehr auch ihren hohen und besonderen Werth haben. Sie bilden die Seele für den Unterricht in der Religion; sie dienen zur Erlangung nothwendiger und nützlicher Kenntnisse für dieses Leben; sie führen durch Erkenntniß der Geschöpfe zur Erkenntniß und zum Lobe des Schöpfers, der auch in seinen natürlichen Werken seine Eigenschaften offenbart; sie sind

---

1) Joh. 14, 6.

aber ein irdisches Brod, auf Erden gewachsen; sie sind deßhalb oft trügerisch und bergen vielfach, wie jene Frucht im Paradiese unter dem Scheine der Erkenntniß, die Lüge, unter dem Scheine des Lebens, den Tod; sie haben endlich nur Werth, wenn sie von der Lehre Christi, die vom Vater des Lichtes stammt[1]), Licht und Leben empfangen.

II.

Aus diesem Unterschiede zwischen dem Religionsunterrichte und dem Unterrichte in allen anderen Lehrgegenständen erhellt nun auch die **Wichtigkeit** des Religionsunterrichtes, die wir jetzt insbesondere betrachten müssen.

Als der Heiland nach der wunderbaren Brodvermehrung die Juden voll irdischer Begierden am folgenden Tage zu sich kommen sah, sprach er zu ihnen: **Bemühet euch nicht um eine Speise, die schnell vergeht, sondern um die, welche bleibt zum ewigen Leben, die der Menschensohn euch geben wird**[2]). Bei einer anderen Gelegenheit sprach er zum Weibe am Jakobsbrunnen: **Jeder, der von diesem Wasser trinket, der durstet wieder; wer aber von dem Wasser trinken wird, das ich ihm geben werde, der wird nicht mehr dursten in Ewigkeit, sondern das Wasser, das ich ihm geben werde, wird in ihm zur Wasserquelle, die in's ewige Leben fortströmt**[3]). So spricht Der zu seinen Geschöpfen, den der Apostel

---
1) Jak. 1, 17. — 2) Joh. 6, 27. — 3) Joh. 4, 13. 14.

stel Petrus den *auctor vitae*, den Urheber des Lebens[1]), nennt, der selbst alles Leben spendet und die Gesetze bestimmt, nach denen er uns das Leben mittheilt; so gibt er selbst den Werth seiner Gnaden und Gaben an. Sie sind eine Speise, die zum ewigen Leben bleibt, eine Wasserquelle, die in's ewige Leben fortströmt. Suchen wir die Bedeutung dieser Worte besser kennen zu lernen.

Die Seele des Menschen hat eine doppelte Sehnsucht, erstens nach Erkenntniß der Wahrheit, zweitens nach Besitz und Genuß eines Gutes, das sie glücklich machen kann. Dieses Verlangen entspricht ganz dem Hunger des Leibes. Wie der Hunger dadurch entsteht, daß der Körper Das, was er zum Leben bedarf, nicht in sich hat, sondern durch die Nahrung erst erlangt, so kommt die Sehnsucht unseres Geistes daher, daß er Das, was er zum Leben bedarf, die Wahrheit und das Gut, das ihn glücklich macht, nicht in sich hat, sondern von Außen sich aneignen muß. Gott selbst aber ist die wunderbare Speise, die ewige Wahrheit, das höchste Gut, das allein den Hunger der Seele befriedigen kann.

Was nun die Welt dem Menschen bietet zur Stillung seines Geistes, zur Befriedigung seines geistigen Hungers, ist eine Speise wie der Heiland sagt, qui perit, die zu Grunde geht, die vergänglich ist. Das, Vielgeliebte, ist das schreckliche Urtheil über den Menschen, der nur nach irdischen Dingen strebt und in ihnen den Hunger seiner unsterblichen Seele stillen will. Alles, wonach er strebt, perit, es geht zu Grunde, es bleibt ihm nichts davon; nur er selbst bleibt, mit seinem Hunger und seinem

---
[1]) Apostelgesch. 3, 15.

Durste. Eine große Thorheit des Menschen ist es daher, wenn er glaubt, durch sinnliche Genüsse, durch Essen, Trinken und Fleischeslust die Höhe und Tiefe eines Herzens ausfüllen zu können, das für den Besitz Gottes bestimmt ist. Die sinnliche Speise, die sinnlichen Genüsse eilen schnell vorüber; das Brod, das der Mensch am Morgen ißt, kann selbst den Körper nicht bis zum Abend sättigen; wie sollte es den Hunger der unsterblichen Seele befriedigen können! So wie die Speise, die er ißt, zu Grunde geht, so werden alle seine Gedanken und Hoffnungen zu Grunde gehen.

Eine ähnliche Verirrung ist es, wenn der Mensch in anderen erschaffenen Dingen das finden will, was im Stande ist, den Hunger seiner Seele zu stillen. Nichts ist aus sich selbst wahr und gut, als Gott allein. Alles Andere, außer Gott, ist es nur durch die Verbindung mit Gott. Wenn nun der Mensch in seinem Geiste die Geschöpfe von ihrem Schöpfer trennt und in ihnen den Durst nach Wahrheit und einem wahren Gute löschen will, so wird unter seinen Händen das Wahre zur Lüge, das Gute zum Bösen, — es wird eine Speise, die zu Grunde geht und den Menschen hungern und dursten läßt.

Ein ganz verblendeter Hochmuth ist es aber endlich, wenn der Mensch sich selbst, seinen eigenen Geist zur Grundquelle der Wahrheit und des Guten machen und aus dieser Quelle seinen Hunger nach Wahrheit befriedigen will. Da gleicht er einer Blume, die blühen will, ohne den Strahl der Sonne, ohne den Thau des Himmels, — einem Leibe, der leben will, ohne das Brod zu genießen, ohne aus der Quelle zu trinken, die ihm Gott zu seiner Nahrung bereitet hat, und sich selbst Nahrung und Trank sein will. Ganz so handelt jener Mensch in seinem verblendeten Hochmuth. Er hat nichts Eigenes, als sein nacktes Dasein, das Gott ihm für die ganze Ewigkeit gegeben hat, und eine unermeßliche Fähigkeit zur Erkenntniß und Liebe der ewigen Wahrheit, des höchsten Gutes. Diese Fähigkeit ist aber nur ein göttlicher Keim im Menschen, der durch die Nahrung, die von Gott kommt, entwickelt werden muß. Wenn nun der Mensch, statt diese göttliche Nahrung zu genießen, sich selbst Nahrung sein will, da er doch nichts ist als Fähigkeit zum Besitze Gottes und Hunger und Durst nach der ewigen Wahrheit und dem höchsten Gute, so steht er mit dieser unendlichen Sehnsucht seinem eigenen Nichts gegenüber. Der Mensch, der in thörichter Sinnlichkeit sein Ziel sucht, will seine Seele, die so groß ist, daß sie für Gott ist, mit einer Speise sättigen, die auch den Magen des Thieres befriedigen kann; der Mensch aber, der in noch verblendeterem Hochmuthe in sich die Nahrung für seinen Geist sucht, will mit dem Nichts, mit der Lüge und dem Bösen den Platz ausfüllen, der eine Wohnung Gottes sein soll. Das Alles aber ist eine Speise, die zu Grunde geht, eine Nahrung, die den Durst des Menschen nicht löscht und die endlich zu jenem ewigen Hunger und Durste führt, den die Verdammten in der Hölle ertragen müssen.

Nur der Sohn Gottes allein gibt uns dagegen jene wahre Speise vom Himmel, die im Stande ist, wahrhaft und vollkommen den Hunger der unsterblichen Seele zu stillen. Ich bin das Brod des Lebens, sprach er zu den Juden. Eure Väter haben das Manna in der Wüste gegessen und sind gestorben. Dieses aber ist das Brod, welches vom Himmel herabgekommen ist, damit, wer davon isset, nicht sterbe¹). Diese Worte beziehen sich zwar unmittelbar auf den Leib des Herrn selbst, mittelbar aber auch auf seine Lehre. Dem doppelten Hunger der Seele bietet er ein doppeltes Brod der Unsterblichkeit, oder vielmehr ein und dasselbe Brod in zwei verschiedenen Weisen. Dem Hunger des Verstandes nach Wahrheit bietet er das Brod seiner Lehre, die ein Abglanz seines Wesens, der ewigen Wahrheit ist. Dem Hunger des Herzens nach dem Besitze und Genusse des ihm bestimmten höchsten Gutes, dem Hunger der Liebe, bietet er sich selbst, nicht mehr im Bilde, sondern sein eigenes Wesen, in der menschlichen und göttlichen Natur, im heiligen Sacramente des Altares. Weil aber in beiden Christus ist, in der Lehre und in dem heiligen Brode, dort in einem Abglanze, einem Bilde, hier in seiner Wesenheit, und weil ferner der Mensch so wunderbar von Gott erschaffen ist, daß er zwei Vermögen hat, durch die er sich mit Gott vereinigen kann, Erkenntniß und Liebe, so kann man weder in Christo das Brod der Wahrheit und das Brod seiner Wesenheit, noch im Menschen den Besitz der Wahrheit und den Besitz Gottes selbst bleibend von einander trennen. Ohne Wahrheit ist keine Vereinigung mit Gott in der Liebe, kein Besitz Gottes möglich, und umgekehrt die Wahrheit ist der Weg zur Liebe, zum Besitze Gottes. Wegen dieser so innigen Wechselbeziehung zwischen der Erkenntniß der Wahrheit und der innigsten Vereinigung mit Gott, spricht auch der Heiland in jener wunderbaren Unterredung mit

---

1) Joh. 6, 48—50.

den Juden, worin er ihnen die Darreichung jener Himmelsspeise verkündet, die uns durch den Genuß des kostbaren Fleisches und Blutes Jesu Christi auf den ewigen Genuß der Gottheit vorbereiten soll, unmittelbar und direct nur von diesem Brode der Engel, von seinem Fleische und Blute, nebenbei aber auch von dem Brode seiner Lehre, weil der Genuß dieses Brodes durch den Glauben die nothwendige Bedingung ist, um würdig jenes Brod der innigsten Vereinigung unserer Seele mit Gott genießen zu können. Der Glaube ist das Heiligthum, durch welches wir zum Allerheiligsten, zur Communion gelangen, hier auf Erden zur Communion seines Fleisches und Blutes, verborgen unter den Gestalten des Brodes und Weines, dort im Himmel aber zur Communion seiner göttlichen Wesenheit im Lichte seiner göttlichen Glorie. Von beiden aber, weil es ein Brod ist, Christus in seinem Bilde, der Lehre, und Christus in seinem Wesen, gilt das Wort des Herrn: Wer von diesem Brode isset, der wird leben in Ewigkeit[1]).

Da haben wir nun, Vielgeliebte, die erhabene Bedeutung und die große Wichtigkeit des Religionsunterrichtes ausgesprochen. Von ihm gilt auch das Wort des Herrn: Martha, Martha! du kümmerst dich um Vieles und machst dir viele Sorgen; aber nur Eins ist nothwendig[2]). Der Religionsunterricht ist allein der ganz nothwendige Unterricht. Er ist ein Brechen und Austheilen des Brodes, das vom Himmel herabgekommen ist[3]), an unsere Kinder, damit,

---

1) Joh. 6, 52. — 2) Luc. 10, 41. 42. — 3) Joh. 6, 50.

wer davon isset, nicht sterbe¹). Es ist ein heiliges Geschäft, wenn der Vater mühevoll arbeitet, um Brod für die Kinder zu haben, und wenn die Mutter es bereitet und ihnen darreicht, um den Kindern das irdische Leben zu fristen. Wie heilig muß dann aber jene Arbeit, jener Unterricht sein, wodurch den Kindern jenes Himmelsbrod bereitet und dargereicht wird, welches ewiges Leben verleiht! Der Vater nährt das Kind mit dem Brode, das auf der Erde gewachsen ist, der Religionslehrer mit dem Brode, das aus dem Schoße Gottes stammt. Der heil. Johannes der Täufer hatte den Beruf, dem kommenden Erlöser die Wege zu bereiten; deßhalb rief er ohne Unterlaß: Bereitet den Weg des Herrn²). Ein ganz ähnliches Geschäft hat der Religionslehrer. Wie der Herr seinen Einzug in die Welt gehalten hat, so will er in das Herz jedes Menschen, jedes Kindes einziehen, um dort ewig zu wohnen; und wie der heil. Johannes die Welt im Allgemeinen auf die Ankunft des Herrn bereitete, so soll der Religionslehrer mit dem Lichte der Wahrheit alle Finsterniß in der Seele der Kinder nach und nach verbannen, um sie auf den Empfang Dessen zu bereiten, der selbst das Licht ist. O möchtet Ihr Alle, die Ihr berufen seid, den Kindern die Lehre Jesu mitzutheilen, von der Erhabenheit und der Wichtigkeit des Religionsunterrichtes recht durchdrungen sein; möchte jeder Unterricht, den Ihr ertheilt, die Seele der Kinder durch Licht und Wahrheit bereiten, das ewige Licht und die ewige Wahrheit in sich aufzunehmen.

---

1) Joh. 6, 50. — 2) Matth. 3, 3.

III.

Was ist nun der Diöcesankatechismus und in welchem Verhältnisse steht er zu dem Religionsunterrichte?

Alles, was ich bisher über den Werth des Religionsunterrichtes gesagt habe, bezieht sich natürlich nicht auf jeden beliebigen Unterricht, der von Gott handelt, sondern ganz allein auf jenen, der die Lehren zum Gegenstand hat, die vom Himmel gekommen und von Christus der Kirche übergeben sind.

Christus hat aber seiner Kirche nicht nur dieses himmlische Brod zur Nahrung und zum ewigen Leben der Menschen hinterlassen, er hat auch zugleich in der Kirche ein bestimmtes Amt gestiftet, und ihm den Auftrag gegeben, das Brod vom Himmel allen Völkern bis an das Ende der Welt zuzutragen und auszutheilen. Die Speisung der fünftausend Männer in der Wüste erzählt der heil. Johannes mit folgenden Worten: **Jesus aber nahm die Brode, und nachdem er gedankt hatte, theilte er sie Denen aus, welche sich niedergesetzt hatten**[1]. Der heil. Matthäus dagegen sagt: **Jesus nahm die fünf Brode....... und gab sie den Jüngern, die Jünger aber gaben sie dem Volke**[2]. In diesen beiden Erzählungen besteht eine scheinbare Verschiedenheit, indem der heil. Johannes sagt, der Heiland selbst habe die Brode dem Volke gegeben, der heil. Matthäus dagegen, er habe sie den Jüngern, diese aber dem Volke ausgetheilt. In der That stimmen aber beide Evangelisten vollkommen überein; denn obgleich

---

1) Joh. 6, 11. — 2) Matth. 14, 19.

die Jünger unmittelbar das Brod dem Volke überreichten, so thaten sie es nur im Auftrage Jesu. Jesus war es, der in ihren Händen die fünf Brode vermehrte und der eigentlich das Brod dem Volke gab; er gab es ihm durch die Hand seiner Jünger. Ganz in derselben Weise theilt der Sohn Gottes auch jetzt noch den Menschen das himmlische Brod seiner Lehren und seiner Gnaden aus. Er selbst ist zwar durch alle Jahrhunderte der wahre und eigentliche Spender dieser göttlichen Speise, und wie damals die fünftausend Männer, so liegen auch die Menschen aus allen Völkern und aus allen Geschlechtern, die den wahren Glauben haben, vor ihm in der unfruchtbaren Wüste dieses Lebens, und erwarten allein von seinen göttlichen Händen das Brod und das Wasser des Lebens, das den Hunger und Durst ihrer Seele stillen kann. **Aller Augen warten auf Dich, Herr, und Du gibst ihnen Speise zur rechten Zeit, Du thuest auf Deine Hand und sättigest alles Lebendige mit Segen**[1]). Wie er aber das irdische Brod in der Wüste am See Genesareth nicht unmittelbar mit eigenen Händen, sondern durch die Jünger dem Volke gab, so hat er auch das überirdische, himmlische Brod seiner Lehre und seiner Sacramente den Aposteln übergeben und ihnen befohlen, es dem Volke darzureichen. **Gehet in die ganze Welt und prediget das Evangelium aller Creatur**[2]). **Gehet hin und lehret alle Völker, und taufet sie im Namen des Vaters und des Sohnes und des heiligen Geistes, lehret sie Alles halten,**

---

1) Pf. 144, 15. 16. — 2) Marc. 16, 15.

was ich euch gesagt habe, und siehe, ich bin bei euch alle Tage, bis an das Ende der Welt¹). Darum nennt auch der Apostel Paulus die Apostel Ausspender der Geheimnisse Gottes: So halte uns Jedermann für Diener Christi und Ausspender der Geheimnisse Gottes²). In diesen Worten spricht der Apostel recht eigentlich das Wesen des apostolischen Amtes und seines Verhältnisses zu Christus aus. Christus ist der Spender der Geheimnisse Gottes, die Apostel seine Werkzeuge, seine Diener, die von ihm bevollmächtigten, beauftragten Ausspender der Wahrheiten und Gnaden, welche er in ihre Hände gelegt hat. Wie aber diese Geheimnisse Gottes, diese himmlische Speise noch in der Kirche vorhanden, wie es noch immer Menschen gibt und geben wird, die durch den Genuß dieser Speise selig werden sollen, so besteht auch dieses apostolische Ausspenderamt in der Kirche noch fort in den Nachfolgern der Apostel, in dem Papste und den Bischöfen der katholischen Kirche. Sie haben als Nachfolger der Apostel den Befehl erhalten, bis an das Ende der Welt die Lehre Christi zu predigen, seine Sacramente auszutheilen; sie sind die Ausspender der Geheimnisse Gottes.

Aus diesem göttlichen Lehramte ergeben sich nun von selbst folgende Sätze, aus denen zugleich die Bedeutung des Katechismus erhellt.

Also darf in einer jeden Diöcese Niemand das Lehramt in der Religion ausüben, wenn er nicht von seinem Bischofe, welcher in der Diöcese der von Christus bestellte Ausspender der Geheimnisse

---

1) Matth. 28, 19. 20. — 2) 1 Cor. 4, 1.

Gottes ist, den Auftrag erhalten hat. Alle Anderen, die in der Religion Unterricht ertheilen, sind die Gehilfen des Bischofs, wie der Bischof der Diener Christi. Er hat deßhalb auch für Alle, die er zu seiner Mithilfe berufen hat, dem Herrn und obersten Spender der Gaben Gottes Rechenschaft abzulegen.

Eine zweite Folgerung aus dem Lehramte, dem Ausspender= amte des Bischofs, besteht darin, daß also jeder vom Bischofe berufene Lehrer der Religion verpflichtet ist, sich den allgemeinen Anordnungen seines Bischofs bezüglich des Religionsunterrichtes zu unterwerfen und sich des vorgeschriebenen Katechismus in dem Umfange zu bedienen, wie es angeordnet ist. Ich erkläre deßhalb bei dieser Gelegenheit, daß ich in der Gewalt des Amtes, welches mir Gott übertragen hat, Alle, die in dieser Diöcese sich an dem Unterrichte der Jugend in der Religion betheiligen, im Gewissen und vor Gott verpflichte, im öffentlichen und Privat=Unterrichte, in mittleren und niederen Schulen, den Katechismus gewissenhaft zu brauchen, den ich vorgeschrieben habe. Von dieser Gewissens= pflicht entbinden nur solche Ausnahmen, die nach Einführung des Katechismus schriftlich von mir oder meinem Ordinariate gestattet worden sind. Wer sich dieser Anordnung nicht fügt, von dem gilt das Wort Christi: **Wer nicht zur Thüre in den Schaf= stall eingeht, sondern anderswo hineinsteigt, der ist ein Dieb und ein Mörder**[1]).

---

1) Joh. 10, 1.

IV.

Betrachten wir nun die **Aufgabe**, die wir uns beim Unterrichte der Kinder stellen müssen. Wie müssen wir den Katechismus gebrauchen? Welche Anforderungen müssen wir an die Kinder stellen? Wann können Alle, die den Beruf haben, den Religionsunterricht zu ertheilen, sich das Zeugniß geben, ihre Pflicht erfüllt zu haben? Ich rede hier zunächst von der Pfarr- und Elementar-Schule. An Schulen, welche die Kinder über das vierzehnte Jahr hinaus behalten, müssen höhere Anforderungen gestellt werden.

Die Aufgabe des Religionsunterrichtes umfaßt die drei Hauptseelenkräfte des Kindes, die bei einem guten Unterrichte **gleichmäßig** ausgebildet werden müssen.

1) Das Kind muß erstens den Katechismus dem Gedächtnisse so einprägen, daß es den ganzen wesentlichen Inhalt **wörtlich** auswendig weiß und mit Leichtigkeit auf Befragen wiedergeben kann.

2) Zweitens muß das Kind den Inhalt, den Sinn der einzelnen Fragen und den inneren Zusammenhang des ganzen Katechismus verstehen.

3) Endlich drittens muß es dadurch zur Liebe Gottes und Erfüllung des göttlichen Willens angetrieben werden.

Diese drei Theile des Religionsunterrichtes entsprechen ganz der Natur des Menschen. Sie sind ferner drei aufsteigende Stufen in der religiösen und geistigen Entwickelung desselben und zwar von so hoher Bedeutung, daß keine wegfallen kann, ohne das Seelenleben des Kindes gewissermaßen zu verstümmeln. Das Alles müssen wir näher betrachten. Es ist unendlich wichtig für die Ausbildung der Kinder, es gut zu verstehen. Denket nicht, geliebte Eltern, daß es nur Sache der Priester und Lehrer sei, so in die Kenntniß der Seele Eurer Kinder einzubringen. Wenn Ihr den Acker kennen müßt, um ihn gut bebauen zu können, so habt Ihr um so mehr die Pflicht, die Seele Eurer Kinder kennen zu lernen, die ein Acker ist, auf dem ihr Früchte für den Himmel ziehen sollt.

Das Kind besteht aus dem Körper und der Seele; die Seele aber wieder aus der Fähigkeit zu erkennen und zu lieben. Der Körper ist ein schwaches, sinnliches Bild, ein in die Erde gemachter Abdruck der Seele, eine Wohnung und ein Träger derselben, ein gebrechliches Gefäß, das einen großen Schatz verbirgt. Der Verstand ist das erhabene Vermögen, die Wahrheit zu erkennen; das Herz dagegen das noch höhere Vermögen, die Wahrheit zu lieben, durch Liebe sich mit ihr zu vereinigen und in diesem Besitze glückselig zu sein. Die Seele mit ihren Fähigkeiten entwickelt sich nun bei jedem Unterricht, namentlich aber beim Religionsunterricht, insbesondere durch die Gedanken. Sie sind das Mittel, wodurch die Wahrheit sich mit dem Menschen verbindet, und entsprechen deßhalb auch ganz der so eben bezeichneten Natur des Menschen. Wegen der innigen Verbindung der Seele mit dem Körper bedarf auch der Gedanke eines sinnlichen Ausdruckes, der für den Inhalt des Gedankens dasselbe ist, was der Leib für die Seele, eine Wohnung, ein Träger, ein Gefäß. Wie in einer hölzernen Schale ein kostbarer Edelstein, so ruht in dem Ausdrucke die Wahrheit. Der Gedanke soll dann zweitens die Seele zum inneren Besitze, zur inneren Anschauung der Wahrheit führen. Dadurch wird die Wahrheit der

Seele offenbar, die Seele tritt so gleichsam ein in das Reich der Wahrheit. Endlich drittens soll der Gedanke, der so zur Erkenntniß der Wahrheit geworden ist, die Seele zur Liebe der Wahrheit entzünden, den Abscheu ihres Gegentheils, der Lüge, der Sünde, in ihr erwecken. Dadurch wird erst die Seele selbst gut, mit der Wahrheit wirklich in heiliger Liebe verbunden und so glückselig. In dieser Weise durchdringt also die Wahrheit endlich den ganzen Menschen, erfaßt ihn in seinem Herzen und erhebt ihn zu sich in der innigsten Vereinigung. Hier haben wir also in der Natur des Kindes jene drei Theile, die jeder Unterricht, insbesondere der Religionsunterricht, verfolgen muß.

Betrachten wir nun, wie die Kinder auf diesen drei Stufen immer näher zu Gott hinaufgeführt werden müssen.

Die unterste Stufe des Religionsunterrichtes bildet das Auswendiglernen des Katechismus, in dem Umfange, den ich vorher bezeichnet habe. Ihr entspricht die Pflicht der Priester, der Lehrer, ihn gleichfalls auswendig zu lernen. Suchen wir die Bedeutung dieses mühevollsten Theiles des Unterrichtes kennen zu lernen.

Der katholische Religionsunterricht ist kein Versuch, neue, unbekannte Wahrheiten zu entdecken, keine Speisung mit einer Nahrung, die erst gefunden werden soll, sondern er ist ein Unterricht in göttlichen Wahrheiten, die der Sohn Gottes den Menschen kund gemacht hat, die Darreichung eines Brodes, welches wir aus der Hand Gottes selbst mit dem Auftrage empfangen haben, es den Kindern auszutheilen. Für alle diese göttlichen Wahrheiten, die wir besitzen, gibt es nun ohne Zweifel mehrere richtige Ausdrücke, und man könnte es daher den Lehrern in dieser Hinsicht überlassen, beim Unterricht selbst den besten Ausdruck für die vorgetragene Wahrheit zu suchen, und ebenso den Kindern, für ihre Gedanken den Ausdruck fort und fort zu bilden. Ein solches Verfahren hat aber große Bedenken. Nur Wenige sind im Stande, in jedem Augenblicke, ohne längeres Besinnen, nach dem Bedürfnisse des Unterrichtes, stets einen richtigen Ausdruck für den Gegenstand zu finden, den sie behandeln. Unrichtig aber kann der Ausdruck beim Religionsunterricht hauptsächlich dadurch sein, daß er die Gesetze des Denkens überhaupt verletzt, oder daß er zweitens die geoffenbarte Wahrheit nicht rein und unverfälscht enthält, oder endlich drittens, daß er unklar, zweideutig ist, und Dinge enthält, die nicht nothwendig sind, die also das Verständniß nur erschweren. Ein Unterricht nun, in dem viele ganz oder halb unrichtige und willkürliche Begriffsbestimmungen und Ausdrücke vorkommen, die dann mit der Lehrer-Autorität dem Kinde aufgezwungen werden, richtet unendlichen Schaden an. Schon an sich hindert er die Entwickelung der natürlichen Geistesanlagen des Kindes, macht es verwirrt und gewöhnt es an alle möglichen unsinnigen Fehlschlüsse. Außerdem aber hindert er die Wahrheit, ganz und rein zur Seele der Kinder zu kommen. Wie der reine Strahl der Sonne auf einen Gegenstand nicht scheinen kann, wenn man ein unreines Glas dazwischen hält, so kann der reine Strahl göttlichen Lichtes, der in jedem geoffenbarten Glaubenssatze enthalten ist, die Seele der Kinder nicht erleuchten und erwärmen, wenn er durch das entstellende Glas falscher, willkürlicher, halbwahrer, unklarer Ausdrücke zum Kinde gelangt. Es ist unmöglich auszusprechen und wird erst am Throne Gottes offenbar werden, welchen Schaden ein solcher Unterricht anrichtet. Dadurch ist den Kindern so oft der Religionsunterricht verleidet, dadurch ist der Religionsunterricht oft so unwirksam geblieben, daß den Kindern ja nicht das reine Brod Gottes, wie es die Kirche in ihrem heiligen Schatze bewahrt, sondern ein verfälschtes, durch Unwissenheit, Trägheit, Lauigkeit, Sündhaftigkeit Derer, die den Unterricht ertheilen, verfälschtes Brod gereicht wurde; dadurch endlich ist es geschehen, daß so viele Kinder später dem Unglauben verfallen sind.

Ein fernerer Nachtheil des ganz ungebundenen Religionsunterrichtes liegt in der Mangelhaftigkeit und Dürftigkeit der Beweise, die in demselben häufig für die einzelnen Religionswahrheiten gegeben werden, und die dann später die Kinder zu der Ansicht führen, es gebe eben keine anderen Gründe für die göttlichen Wahrheiten ihres heiligen Glaubens. Ich habe mir schon wiederholt beim Anhören der Prüfung in der Religion gestehen müssen, daß die für gewisse Wahrheiten ganz unvorbereitet und unbedacht vorgebrachten Beweise mehr den Unglauben als den Glauben zu fördern im Stande seien. Das ist aber im höchsten Grade der Fall, wenn der Lehrer selbst keinen lebendigen Glauben hat und nun den armen Kindern die Gründe der einzelnen Glaubenswahrheiten nach seiner eigenen Zusammensetzung vorträgt, obwohl er sie für nichtig hält. Da wird dann die Religionsstunde in der That und Wirklichkeit eine Stunde des Unglaubens. Wir brauchen nur um uns zu sehen, um die Spuren eines derartigen Unterrichtes wahrzunehmen. Priester, die schliefen, während der Feind Unkraut säete, und ungläubige Lehrer, als die Baumeister des Glaubens in den Herzen der Kinder, haben vielfach als Religionslehrer eine ungläubige Jugend erzogen. — Endlich aber berauben die immer wechselnden Begriffsbestimmungen und Ausdrücke die Kinder des besten Hilfsmittels für das Gedächtniß, da nichts geeigneter ist, eine ganze Reihenfolge zusammenhängender Gedanken und Wahrheiten im Geiste der Kinder festzuhalten, als ein richtiger, umfassender, auswendig gelernter Begriff.

Alle diese Nachtheile soll nun das Auswendiglernen des Katechismus beseitigen. Ein guter Katechismus ist ein einfacher, richtiger Ausdruck der göttlichen Offenbarung, der Lehre Jesu Christi; er ist ein dem Geiste der Kinder zugängliches Gefäß, welches den Schatz der göttlichen Wahrheit ganz und unverletzt in sich trägt. Darin besteht der ganze Werth eines guten Diöcesankatechismus, und auf diese Eigenschaft bezieht sich auch die Prüfung und Entscheidung des Bischofes, wenn er seiner Diöcese einen Katechismus als Leitfaden des Unterrichtes übergibt. Ueber den Inhalt des Katechismus, die einzelnen Glaubenswahrheiten, hat ja der Bischof gar kein entscheidendes Recht; der ist von Gott gegeben und unabänderlich. Er entscheidet nur, als der von Gott bestellte Wächter der göttlichen Wahrheiten, über die Form und den Ausdruck, ob nämlich das Buch die Lehre Christi richtig ausspricht. Ich habe nun die Ueberzeugung, daß der jetzige Katechismus diesen Vorzug in seltenem Maße besitzt. Er vermeidet in seinen Fragen und Antworten alles Willkührliche; er gibt die Lehre Christi rein und unzweideutig; er hat endlich im Ganzen und Einzelnen eine so richtige Eintheilung, daß das Kind leicht dahin gebracht werden kann, den ganzen Plan zu durchschauen und jede Lehre in ihrem erhabenen Zusammenhang aufzufassen. Das Auswendiglernen des Katechismus soll also dem Unterricht alle Vortheile gewähren, die ein guter gelungener Ausdruck für den Unterricht hat, und dagegen die Nachtheile beseitigen, die der fehlerhafte Ausdruck mit sich führt.

So wichtig aber auch das Auswendiglernen des Katechismus hiernach ist, und so entschieden ich bei allen meinen Visitationen es fordern werde, so gewiß ist es auf der anderen Seite, daß es unter den Händen unkundiger und träger Religionslehrer im höchsten Grade mißbraucht werden kann. Das Auswendiglernen ist nur die **unterste Stufe** des Unterrichtes, nur ein Mittel zum Ziele. Wie der Pflug nur ein Mittel ist, den Acker zu bestellen, und gar keinen Werth hat, wenn der Landmann zu träge ist, ihn zu gebrauchen, so hat das Auswendiglernen des Ausdruckes der Wahrheit gar keinen Werth, wenn der Lehrer zu träge ist, das Kind in das Verständniß derselben einzuführen. Wenn der Unterricht auf dieser untersten Stufe stehen bleibt, und nicht vielmehr ohne Unterlaß das Ziel, die Ausbildung des Verstandes und Herzens, im Auge hat, so wird er zu einer wahren Qual für die Kinder und zu einem gedankenlosen Schwätzen. Daraus entstehen dann auch die unvernünftigen Anfeindungen des Auswendiglernens des Katechismus bei jenen Menschen, die nicht die Fähigkeit oder den Willen haben, den schnöden Mißbrauch einer Sache von dem guten Gebrauche zu unterscheiden. Beides ist ohne Zweifel wahr und richtig: das Auswendiglernen eines guten Katechismus ist ein ganz ausgezeichnetes Mittel zu einem gründlichen, erfolgreichen, Geist und Herz bildenden Religionsunterricht; — es kann aber auch so geistlos und mechanisch betrieben werden, daß es den Geist und das Herz der Kinder tödtet, sie mit Gleichgiltigkeit gegen die Religion erfüllt und einem Spott auf die Religion ähnlich sieht. Ich habe mitunter — Gott sei Dank, selten — Schulen getroffen, wo das Auswendiglernen des Katechismus in einer Weise betrieben wurde, daß ich über die Mißhandlung der Religion und der Kinder gleichmäßig erstaunt war. Es kommt daher darauf an, diesen Mißbrauch des Auswendiglernens zu vermeiden und den guten Gebrauch in Anwendung zu bringen. Im höchsten Grade tadelnswerth ist es deßhalb, wenn der Religionslehrer selbst den Katechismus weder lernt, noch ihn richtig versteht, und sich nun aus Mangel an eigener Vorbereitung damit begnügt, Fragen und Antworten hintereinander, ohne allen Ausdruck, mit zahllosen Fehlern, so verstümmelt, daß kein vernünftiger Gedanke mehr damit bezeichnet werden kann, von den armen Kindern aufsagen zu lassen, und wenn dann der ganze Katechismus so durchgequält wird, ohne daß Verstand und Herz der Kinder auch nur eine Ahnung von der göttlichen Wahrheit und dem göttlichen Feuer der Liebe bekommen, das unter dieser verstümmelten Form enthalten ist. Ein solcher Unterricht ist ein Verbrechen am Worte Gottes. Vielmehr soll der Religionslehrer beim Auswendiglernen auf ein richtiges, langsames, ausdrucksvolles Hersagen dringen, und vom ersten Tage des Unterrichtes an sich bemühen, bei jeder Veranlassung die Kinder zu der Einsicht zu bringen, daß unter dem Ausdrucke, den sie mühevoll lernen, ein ganz himmlischer, göttlicher Inhalt verborgen ist. Sobald die Kinder anfangen, Das zu erkennen, wird ihnen auch die Arbeit des Auswendiglernens eine wahre Lust, wie auch der Landmann freudig arbeitet, wenn er einer großen Ernte gewiß ist. Das beweist jede gute Schule.

Die zweite Stufe des Religionsunterrichtes besteht also darin, daß das Kind den Inhalt dessen kennen lernt, was es auswendig gelernt hat. Die auswendig gelernten Worte sind wie ein Vorhang, eine verschlossene Thüre, durch die der Geist des Kindes dringen muß, um jene kostbare Speise für die Seele zu finden, von welcher der heilige Geist selbst sagt: Ich gab ihr den Vorzug vor Königreichen und Thronen, und hielt den Reichthum für nichts in Vergleich mit ihr...... Alles Gold ist in Vergleich mit ihr schlechter Sand, und das Silber vor ihr an Werth wie Koth. Ich liebte sie mehr als Gesundheit und Schönheit, und erwählte sie zum Lichte; denn ihr Glanz ist unauslöschlich. Zugleich mit ihr kam alles Gute zu mir und unzählbare Ehren durch ihre Hand..... Sie ist ein Hauch der Kraft Gottes, und ein reiner Ausfluß der Klarheit des allmächtigen Gottes.... Sie ist der Glanz des ewigen Lichtes, der makellose Spiegel der Herrlichkeit Gottes und das Bild seiner Güte. Weish. 7, 8—11. 25. 26. Das Alles und noch viel mehr sollen die Kinder finden, wenn sie durch die Form des Katechismus in den Inhalt der Lehre Jesu Christi eindringen, in dem die Fülle der Gottheit leibhaftig wohnt, und durch den wir an dieser Fülle Antheil erlangen. Da ist es nun die ganz erhabene, wahrhaft himmlische Aufgabe des

Religionslehrers, bei diesem Eindringen der Seele des Kindes in den göttlichen Inhalt der Lehre Jesu, ein Führer, ein Leiter der Kinderseele zu sein, ein wahrer Engel, der das Kind zur Kenntniß Jesu, die das ewige Leben ist, führt, wie einst der Engel Raphael den jungen Tobias zum Gabelus. So wird wahrhaft ein Hauch der Kraft Gottes auf die Seele des Kindes geleitet und ein Strahl vom ewigen Lichte ihr mitgetheilt. Bei dieser Anleitung des Kindes zum Verständniß der Lehre des göttlichen Heilandes ist nun ein unberechenbarer Fortschritt möglich. Wie die Sonne unzählig viele Gegenstände erwärmt und immer dieselbe bleibt, obwohl der Grad der Wärme und des Lichtes, den sie mittheilt, so verschieden ist; so ist auch die Einsicht sehr verschieden, welche das Licht der geoffenbarten Wahrheit der Seele mittheilt. Die Eine Wahrheit, daß Gott das höchste und liebenswürdigste Gut ist, kann schon das Kind, das kaum zu denken anfängt, ganz wahr und innig auffassen; es wird aber eine ganz andere Einsicht von dieser Wahrheit haben, wenn es erst ein ganzes Leben in der Gnade Gottes und in der Tugend zugebracht hat; und wiederum wird es dieselbe viel tiefer erfassen, wenn es, umstrahlt vom ewigen Lichtglanze, das höchste liebenswürdigste Gut selbst sieht von Angesicht zu Angesicht. Wachset, ermahnt der Apostel Petrus, in der Gnade und in der Erkenntniß unseres Herrn und Heilandes Jesu Christi[1]). Der Religionslehrer muß deßhalb das Kind fortschreitend, wachsend, immer weiter führen in der Erkenntniß

---

1) 2 Petr. 3, 18.

Jesu, ohne jedoch auch das kleinste Kind ganz ohne Verständniß zu lassen.

Das Gelingen dieses Unterrichtes hängt nun zunächst von dem Maße der Gnade und der Einsicht des Religionslehrers selbst ab. Lehrer, die selbst im Stande der Ungnade Gottes sind, können beim Religionsunterrichte kein Werkzeug Gottes sein; Lehrer, die selbst blind sind, können blinde Kinder nicht zum Lichte führen. Priester, die sich selbst nicht fortbilden in der Kenntniß und dem Verständnisse des Katechismus, Lehrer, die selbst das Licht des Glaubens verloren haben und die geoffenbarte Wahrheit in sich durch die Finsterniß ihres Herzens verdunkeln, können Kinder nicht zu einer Erkenntniß führen, die ihnen selbst fehlt. Der Fortschritt auf dieser Stufe des Religionsunterrichtes hängt zweitens von dem Maße der Gnade im Herzen der Kinder ab, also von ihrer Frömmigkeit und Tugend. Darum sagt der Apostel Petrus in der angeführten Stelle, **wachset in der Gnade und in der Erkenntniß Jesu Christi**, weil das Wachsthum in der Erkenntniß Jesu von dem Wachsthum in der Gnade abhängt. Diese glückselige Erkenntniß, von der der Heiland sagt: **Das aber ist das ewige Leben, daß sie Dich erkennen, den allein wahren Gott, und den Du gesandt hast, Jesum Christum**[1]), ist also vor Allem nicht eine Thätigkeit des Lehrers, sondern eine Thätigkeit und Einwirkung Gottes selbst auf die Seele des Kindes. Je begnadigter und unschuldiger das innere Auge des Kindes ist, desto fähiger ist es,

---

1) Joh. 17, 3.

das Licht vom Himmel aufzunehmen. Die Nachlässigkeit der Eltern in dieser Hinsicht, und die entsetzliche Thatsache, daß das Herz der Mutter und des Vaters vielfach nicht mehr die Unschuld, das übernatürliche Leben der Kinder schützt, während selbst die Thiere das natürliche Leben ihrer Jungen bewachen, ist ein weitverbreiteter Grund der Unwirksamkeit des Religionsunterrichtes. Endlich müssen aber auch alle anderen natürlichen Mittel angewendet werden, welche die Wissenschaft bietet, um die Kinder in den Sinn des Gegenstandes einzuführen. Sie müssen dahin gebracht werden, daß sie nicht nur den Sinn der Antworten, die sie geben, richtig verstehen, sondern auch die Hauptgedanken von den Nebengedanken, die Grundsätze von ihren Folgerungen, die Lehrsätze von ihren Beweisen unterscheiden, endlich den Zusammenhang aller Theile des Katechismus zur inneren Anschauung bringen und ihrer Seele bleibend einprägen. Der ganze Katechismus ist ein innerlich wunderbar zusammenhängendes System geoffenbarter Grundwahrheiten. Wie der Seefahrer eine große Freiheit in der Wahl seiner Wege hat, immer aber durch die Magnetnadel in der rechten Richtung erhalten wird, so hat Gott dem Menschen auf der Fahrt seines irdischen Lebens einen großen Spielraum freier, geistiger Bewegung eingeräumt; er hat ihm aber in der Offenbarung eine Anzahl ewiger Wahrheiten gegeben, die wie göttliche Sterne sein geistiges Leben leiten und ihn vor Abweichungen vom Ziele bewahren sollen. Diese Leitsterne hindern den Menschen nicht, zur Wahrheit fortzuschreiten; sie hindern ihn vielmehr nur, von der Wahrheit abzuweichen und Irrwege einzuschlagen. Sie stehen auch nicht, wie der Lügengeist sagt, mit der inneren Entwickelung des Geistes der Kinder in Widerspruch, sondern sie selbst entwickeln vielmehr den Geist des Kindes nach allen seinen Anlagen und Bedürfnissen. Alles, was eine ungläubige Pädagogik von der Aeußerlichkeit des Religionsunterrichtes, von der Unmöglichkeit der Vereinigung der äußeren Lehrautorität mit der inneren Entwickelung der Erkenntniß, von dem Zwange, der deßhalb dem vernünftigen Theile der Kinderseele angethan werde, gesagt hat, ist von allen falschen Religionslehren wahr, aber in allen Theilen unwahr von der, die vom Himmel stammt, von der katholischen Religionslehre. Wie es kein natürlicher Zwang gegen den Körper des Kindes ist, wenn man ihm eine äußerliche gesunde Nahrung reicht, und wie das Kind vielmehr dieser Nahrung bedarf, um zu leben und sich zu entwickeln, ebenso bedarf die Seele des Kindes jenes göttlichen Brodes, jener vom Himmel uns gegebenen Wahrheit, um von Licht zu Licht, von Einsicht zu Einsicht, zum ewigen Lichte zu gelangen. Dieses ganze geistige Gebäude zusammenhängender, göttlicher Wahrheiten muß nun in der Seele der Kinder Erkenntniß, Wahrheit und Leben werden. Hier hat der Religionslehrer ein weites Feld für seinen Eifer und für seine Kenntnisse.

Durch das Auswendiglernen haben die Kinder das göttliche Gebäude himmlischer Wahrheiten in einer für sie noch todten Form, ohne die wunderbare innere Schönheit desselben zu kennen. Sie sehen gleichsam Jesum von Außen und kennen nicht die Fülle der Gottheit, die er in sich trägt. Jetzt muß der Lehrer alle Theile des göttlichen Gebäudes und alle Steine der einzelnen Theile auseinanderlegen, und sie dann theils selbst vor den Augen der Kinder wieder zusammenfügen, theils oft und wiederholt durch die Kinder selbst wieder aufbauen lassen, indem er sie durch geschickte, zusammenhängende Fragen dabei leitet. Darin besteht insbesondere die Kunst eines guten katechetischen Unterrichtes, die einzelnen Abschnitte des Katechismus, oder auch hie und da den ganzen Plan desselben in seine einzelnen Theile aufzulösen, und sie dann wieder mit den Kindern, vom einfachsten Gedanken ausgehend, zusammenzufügen. Dadurch werden die Kinder zum Denken gezwungen, und es ist ihnen eine unbeschreibliche Freude und geistige Anregung, wenn sie dann zum Verständniß dessen gelangen, was sie auswendig gelernt hatten. Insbesondere aber gelangen die Kinder auf diesem Wege dazu, den ganzen inneren Zusammenhang aller Wahrheiten der göttlichen Offenbarung einzusehen, und das ist, außer den übernatürlichen Mitteln, das stärkste Fundament des Glaubens, welches wir in die Seele der Kinder legen können. Jede geschichtliche Thatsache, aus ihrem Zusammenhange weggenommen, kann mehr oder weniger unwahrscheinlich gemacht werden. So geht es auch mit den Glaubenswahrheiten. Wenn die Kinder von dem ganzen heiligen Tempel göttlicher Wahrheiten nur einige Bruchstücke, einige herausgerissene Steine kennen gelernt haben, dann hat der Geist der Lüge ein leichtes Werk. Wenn sie dagegen den ganzen, großen, himmlischen Bau göttlicher Wahrheiten in seinem inneren Zusammenhange erkannt haben, dann werden die Pfeile der Hölle machtlos an ihnen abprallen. Dieser Theil des Unterrichtes schon ist ein ganz himmlisches Geschäft und gehört zu den größten Aufgaben, die Gott einem Menschen anvertrauen kann. Wer so die Kinder mit heiliger Liebe lehrt, sieht mit Augen ihre Seelen für Gott wachsen und erntet schon hier einen reichen Lohn.

Aber auch bei dieser erhabenen Arbeit darf der Religionslehrer nicht stehen bleiben; er hat noch eine höhere Aufgabe zu erfüllen. Die dritte und letzte Stufe ist das eigentliche Ziel und Ende der Religion überhaupt, und des ganzen Religionsunterrichtes insbesondere; das Kind soll durch denselben zur Liebe, zum Besitze Gottes, zur innigsten Vereinigung mit ihm gelangen. Wenn wir dieses Ziel nicht erreichen, so gleichen wir beim Unterrichtgeben den Reisenden, die eine lange, mühevolle Reise zurücklegen, endlich aber das einzige Ziel derselben verfehlen. Der heil. Apostel Paulus drückt diese Wahrheit mit den Worten aus: Wenn ich die Sprachen der Menschen und Engel redete, aber die Liebe nicht hätte, so wäre ich wie ein tönendes Erz oder eine klingende Schelle. Er fährt dann fort, viele andere Güter aufzuzählen und wiederholt immer die Worte: Hätte ich aber die Liebe nicht, so wäre ich nichts, — hätte ich die Liebe nicht, so nützte es mir nichts[1]). Das ist nun auch durchaus wahr von dem Religionsunterrichte. Wenn die Kinder durch denselben nicht zur Liebe und zum Besitze Gottes gelangen, so sind sie, bei allem Wissen, nichts wie ein leeres, tönendes Erz, eine hohle, klingende Schelle; mögen wir den Kindern noch so viele Kenntnisse beigebracht haben, unser Unterricht ist dann nichts und nützet nichts. Möge uns Gott die Gnade geben, diese überaus wichtige Wahrheit richtig zu erkennen!

---

1) 1 Cor. 13, 1. 2. 3.

Gott hat dem Menschen, wie ich vorher sagte, zwei Fähigkeiten gegeben, durch die er sich zu Gott erheben, mit Gott verbinden kann: die Fähigkeit, Gott zu erkennen und Gott zu lieben. Diese beiden Seelenvermögen, die gleichsam zwei Arme sind, durch die wir Gott zu erreichen suchen, verbinden uns aber mit Gott in ganz verschiedener Weise. Durch den Verstand sehen wir Gott, den wir erkennen, in uns, wie in einem Bilde, — durch die Liebe suchen wir ihn selbst zu erreichen und zu besitzen. Der Unterschied dieser beiden Mittel, Gott zu besitzen, ist also sehr groß, das eine gibt uns nur ein schwaches Bild von Gott, das andere gibt uns dagegen Gott selbst. Betrachten wir Das näher. Der Verstand ist das innere Auge der Seele, und er hat deßhalb zwei höchst merkwürdige Aehnlichkeiten mit dem Auge des Leibes. Erstens: Wie das leibliche Auge rein und unverletzt sein muß, um ein treues Bild der Dinge wieder zu geben, so muß auch die Seele rein und unverletzt sein, um ein reines Bild von Gott und der Wahrheit in sich aufnehmen zu können. Was daher so viele gottlose Menschen von Gott, von der Kirche, vom Glauben sagen, trifft nicht Gott, die Kirche, den Glauben, sondern das Zerrbild, das sie von diesen heiligen Dingen in sich tragen. Zweitens: Wie das leibliche Auge die ganze Körperwelt durch das Bild sieht, welches diese auf das Auge wirft, obwohl die Dinge selbst weit entfernt bleiben, so sieht auch das geistige Auge die geistige Welt und Gott selbst durch ein entsprechendes Bild, welches sie in die Seele werfen, ohne daß die Seele dadurch schon das Wesen der Dinge und Gott selbst erreicht hätte. Daher kommt es denn auch, was leider so oft gänzlich verkannt wird, daß der Mensch Gutes denken, ja selbst Gott erkennen kann, ohne selbst gut zu sein. Diese Wahrheit ist nun aber von der allergrößten Bedeutung für die Behandlung unserer Kinder. Wir brauchen das Gesagte nur auf sie anzuwenden, um Das in vollem Lichte zu erkennen.

Auf der zweiten Stufe soll der Religionsunterricht der Kinderseele jenes reine Bild von Gott einprägen, welches in der Lehre unseres göttlichen Heilandes enthalten ist. Dadurch allein ist aber, wie wir gesehen haben, die Seele des Kindes noch nicht selbst gut, noch nicht mit Gott selbst verbunden. Weiter, als das leibliche Auge des Kindes von den Sternen, die es sieht, kann die Seele des Kindes von Gott entfernt sein, obwohl es schon Vieles von Gott gelernt hat. Der heil. Apostel Jakobus sagt in dieser Hinsicht: **Du glaubst, daß ein Gott ist; du hast recht, aber auch die Teufel glauben das und zittern**[1]. Diese Worte sprechen die schreckliche Wahrheit aus, daß eine große Erkenntniß noch nicht davor schützt, an innerer Bosheit und Gottentfremdung dem Teufel ähnlich zu sein. Wir hätten also noch wenig gewonnen, wenn wir die Kinder durch den Religionsunterricht nicht weiter, als bis zu dieser Stufe der Erkenntniß Gottes bringen könnten. Da hat aber Gott, in unendlicher Erbarmung, der Seele noch eine andere, höhere Fähigkeit gegeben und durch die heiligen Sacramente wunderbar vermehrt, die uns Gott nicht nur aus der Ferne zeigt, sondern uns zu Gott selbst erhebt, uns mit Gott selbst verbindet und durch diese Verbindung uns wahrhaft innerlich gut macht. Das ist ja eben die ganze Natur der Liebe, daß sie

---

1) Jakob. 2, 9.

keine Trennung vertragen kann und nicht ruht, bis sie mit ihrem Gegenstande verbunden ist. Das Kind kann Gott erkennen, und doch, wie der verlorene Sohn, weit von Gott entfernt leben, — die Liebe aber treibt es unaufhaltsam zu Gott hin; es kann Gott erkennen, und doch seine Gebote verachten, — die Liebe aber unterwirft seinen Willen ganz dem heiligen Gesetze Gottes; es kann Gott erkennen, und doch das Ebenbild Gottes an seiner Seele schänden, — die Liebe aber macht es Gott immer ähnlicher und gestaltet es gewissermaßen in Gott selbst um. Die Liebe ist ein Gewicht in der Seele, das sie zu Gott zieht, sie drängt und treibt und ihr keine Ruhe läßt, bis sie ruhet in Gott. Im Zustande der ewigen Seligkeit ist die Liebe Gottes die Anschauung Gottes, der Besitz Gottes, die innigste Vereinigung mit Gott; — sie ist dort jener glückselige Zustand, wo der Mensch von Gott selbst in ewigem Genusse erfüllt wird. Wie wir jetzt die irdische Speise genießen, so werden wir dann durch Erkennen und Lieben, durch Anschauen und Besitzen die ewige Wahrheit und das unendliche Gut genießen. Hier auf Erden ist die Liebe Gottes eine Vorbereitung auf jenen vollkommenen Zustand der Liebe und des Besitzes Gottes. Sie ist zwar auch hier schon, namentlich durch die heiligen Sacramente, eine wirkliche Vereinigung mit Gott, — aber noch unseren Sinnen und sinnlichen Gefühlen verborgen. Insbesondere aber zeigt sie sich in unserem irdischen Leben als eine göttliche Tugend, durch die wir uns ganz an Gott hingeben, um durch Erfüllung seines heiligen Willens zur Vereinigung mit ihm zu gelangen.

Die höchste und letzte Aufgabe des gesammten Religionsunterrichtes besteht also darin, durch denselben die natürliche Fähigkeit des kindlichen Herzens und die in den heiligen Sacramenten ihm eingegossene übernatürliche Kraft der Liebe Gottes für Gott zu entzünden. Durch die Sünde in dem Kinde und in der Welt wird es von Jugend auf angelockt, die Liebe, die es Gott schuldig ist, den Geschöpfen zu geben. Der Religionslehrer soll dagegen das Kind lehren, in Gott das wahre und letzte Ziel alles Dessen, was sich in seinem Herzen regt, zu erkennen; er soll das Herz des Kindes auf Gott richten, mit Gott verbinden und es vor der Verirrung der Weltliebe beschützen. Der heil. Apostel Paulus nennt die Liebe das Band der Vollkommenheit: **Vor allem Diesem habet die Liebe, welche ist das Band der Vollkommenheit**[1]). Das ist sie aber in der doppelten Hinsicht, die ich schon angegeben habe: erstens verbindet sie die Seele immer inniger mit Gott selbst, der die ewige Quelle aller Vollkommenheit ist; zweitens verbindet sie die Seele mit allen Tugenden, indem sie ihr eine Neigung zu Allem gibt, was Gott gefällt, eine Abneigung gegen Alles, was Gott mißfällt. Dieses heilige, himmlische Band, welches das Kind mit allen Gütern und mit allen Tugenden verbindet, soll nun der Religionslehrer immer inniger und fester um das Herz des Kindes winden. Wie jeder Schritt des Reisenden, selbst wenn er noch tief im Thale wandert, in gewisser Weise in dem letzten enthalten ist, mit dem er endlich die Höhe des Berges und das Ziel der Reise erreicht, so muß auch der Religionslehrer, vom ersten Tage des Unterrichtes an, auf dieses erhabene Ziel hinblicken und ohne Unterlaß dahin streben, das Kind Schritt für

---

[1]) Col. 3, 14.

Schritt, nach dem Maße seiner Entwickelung, durch jedes Wort des Unterrichtes, zur heiligen Liebe Gottes, zur freudigen Hingabe an Ihn und seinen göttlichen Willen, anzuregen und es so der ewigen glückseligen Vereinigung mit Gott entgegen zu führen. O möchte Gott alle Priester, Lehrer und Eltern von der Größe dieser Aufgabe erfüllen; möchte er in uns Allen das Feuer seiner Liebe entzünden, damit jedes Wort unseres Unterrichtes auch die Herzen der Kinder zur Liebe Gottes anregen könnte!

Das sind also die **drei Stufen** des Unterrichtes, auf denen wir die Kinder zu Gott führen sollen.

Der Tempel Gottes in Jerusalem hatte drei Theile: den Vorhof, das Heilige, das Allerheiligste. So hat auch der Weg, auf dem der Religionsunterricht das Kind zu Gott führt, drei ähnliche Stufen. Das Auswendiglernen ist wichtig, aber es ist nur der Vorhof des Tempels. Das Verstehen der Wahrheiten, die Gott offenbart hat, ist noch viel wichtiger, aber dadurch allein ist die Seele noch nicht bei Gott, — es ist das Heilige, das zum Allerheiligsten führt. Die Liebe Gottes aber, die volle Hingabe an Ihn, das ist das Allerheiligste, wo Gott selbst wohnt und die Kinder erwartet, die wir zu Ihm führen sollen. O möchten wir alle Kinder so unterrichten, daß sie dorthin gelangten!

V.

Um nun die Erreichung dieser hohen Aufgabe zu befördern, habe ich im vorigen Jahre eine allgemeine Verordnung über den Religionsunterricht erlassen, deren Inhalt und Zweck, außer den Religionslehrern, namentlich auch die Eltern kennen müssen, wenn sie im ganzen Umfang ihrer Pflichten den Religionsunterricht unterstützen wollen. Bisher war es nämlich dem Ermessen der einzelnen Pfarrer überlassen, für ihre Schulen den ganzen Plan des Religionsunterrichtes festzustellen. Dadurch entstand aber in der ganzen Diöcese eine sehr große Verschiedenheit in den Anforderungen, die an die Kinder gestellt wurden; in der Art und Weise, den Inhalt des Katechismus für die einzelnen Classen einzutheilen; in der Zeit, die man auf die Durchnahme des ganzen Katechismus zu verwenden hat; und endlich in der Auswahl der Gegenstände, die besonders oft zu wiederholen sind. Die Nachtheile dieser Verschiedenheit liegen zu Tage. Der einzelne Priester konnte sich bei der Entscheidung aller dieser wichtigen Fragen, zum großen Nachtheil der Schule, leichter täuschen, als wenn sie in Folge einer reifen allgemeinen Berathung festgestellt wurden. Durch den Wechsel der Kinder und Lehrer konnte es sogar geschehen, daß einzelne Kinder ganze Abschnitte des Katechismus gar nicht erlernten. Eine Aufsicht aber darüber, ob auch alle Theile des Katechismus mit gleicher Gewissenhaftigkeit behandelt würden, war ganz unmöglich. Um diesen Uebelständen zu begegnen, habe ich nun zunächst den Rath sämmtlicher Priester und einer großen Anzahl erfahrener Lehrer eingeholt. Ich habe dann den hiernach entworfenen Plan für den Religionsunterricht in der ganzen Diöcese noch einmal von einzelnen Priestern und Lehrern und dann, auf der Diöcesan-Conferenz, von einer großen Anzahl bei mir versammelter Priester gründlich prüfen lassen, und nachdem ich so die Ueberzeugung gewonnen hatte, daß der entworfene und geprüfte Plan allen Bedürfnissen und Verhältnissen entspreche, habe ich ihn endlich in einer

Verordnung als verpflichtende Regel für den Religionsunterricht in der ganzen Diöcese festgestellt. In dieser Verordnung ist genau bestimmt, wie oft der Katechismus in jeder Schule ganz durchgenommen werden muß, was jede einzelne Abtheilung von dem Katechismus, so oft er durchgenommen wird, zu erlernen hat, und endlich, in welcher Reihenfolge der Inhalt des Katechismus in den einzelnen Schulen vorzunehmen ist. In Folge dieser Einrichtung haben also sämmtliche Schulen der Diöcese, die sich in derselben Lage befinden, nach Inhalt und Umfang, in demselben Jahre ganz dieselbe Aufgabe zu lösen, so daß ihre Leistungen sehr leicht mit einander verglichen werden können. Für die Eltern hat aber diese Einrichtung den großen Vortheil, daß sie den Religionsunterricht mit Leichtigkeit verfolgen und immer wissen können, was ihre Kinder in jedem halben Jahre zu leisten haben. Es wird deßhalb auch sehr nützlich sein, geliebte Brüder und Priester, wenn Ihr oft, namentlich aber im Beginne eines jeden halben Jahres, Eure Gemeinden in Kenntniß setzt, welchen Abschnitt des Katechismus die verschiedenen Schulen und Classen der Gemeinde zu erlernen haben, damit die Eltern der Kinder in der angedeuteten Weise mitwirken können.

VI.

Möge also Gott, von dem alle rechte und wahre Einsicht herkommt, Allen, die in dieser Diöcese die Pflicht haben, die Kinder durch den Religionsunterricht zur Erkenntniß und Liebe Gottes zu führen, die Gnade verleihen, diese heilige Pflicht treu zu erfüllen.

Obenan steht Ihr, geliebte Brüder und Priester, denen ich als Oberhirt das heilige Amt der Fürsorge für die Heerde Jesu Christi in den einzelnen Pfarrgemeinden anvertraut habe. Ihr theilt mit mir zunächst und unmittelbar die Last der Verantwortung, welche der oberste Hirt, Jesus Christus, durch den Auftrag: docete omnes gentes, lehret alle Völker, auf meine Schultern gelegt hat. Wenn wir einst zusammen vor Gottes Thron stehen werden, und wenn dann der gute Hirt, der für seine Schafe sein Leben hingegeben hat, uns über jedes seiner Schafe, das uns zur Pflege anvertraut war, zur Rechenschaft ziehen wird, dann, geliebte Brüder und Priester, werdet Ihr insbesondere für mich antworten müssen. Wehe dann uns, wenn ein einziges uns anvertrautes Schäflein der Heerde Jesu aufgerufen wird, dessen Namen wir kaum kennen; das von den Wölfen zerrissen ist, weil wir es nicht beschützt haben; das auf dem Wege verhungert ist, weil wir ihm das Brod nicht gereicht haben, welches Christus uns zu dessen Nahrung anvertraut hat, weil wir, wie jener treulose Knecht, die uns geliehenen Talente gleichsam vergraben haben. Gewiß ist das Amt des Priesters ein schweres Amt, und der Lügengeist bereitet ihm so oft, selbst im elterlichen Hause und in der Schule, die größten Hindernisse, wenn er die Lehre des göttlichen Heilandes, das Brod vom Himmel, dem Kinde mittheilen will. Das wäre ja aber eine gänzliche Verkennung des Wesens des ganzen Christenthums, wenn uns Hindernisse aufhalten könnten in der muthigen Erfüllung unserer Pflichten. Der Diener ist nicht besser, wie der Herr. Um seine Lehre den Menschen zu verkünden, hat der Sohn Gottes diese Erde mit blutigem Schweiße getränkt;

da dürfen auch wir den Schweiß der Mühe und der Arbeit und bittere Thränen nicht scheuen, um die Hindernisse zu überwinden, die sich dem guten christlichen Unterricht auf allen Wegen entgegen stellen. Das ist der Vertrag, den Gott mit uns geschlossen hat, daß wir nur dann mit Christus werden gekrönt werden, wenn wir gesetzmäßig mit ihm gekämpft haben[1]). Der irdische Vater muß ja sein ganzes Leben mit unsäglicher Mühe die Disteln und Dornen, mit denen der Fluch Gottes die Erde bedeckt hat, ausreißen, um nur das vergängliche irdische Brod für seine Kinder zu gewinnen; können wir uns da beklagen, wenn auch wir mit vieler Mühe die Disteln und Dornen, die der Weltgeist unserem Wirken entgegensetzt, ausreißen müssen, um das unvergängliche Himmelsbrod den Kindern zu reichen. Wehe uns, wenn der Taglöhner mehr Arbeit auf die Gewinnung des irdischen Brodes verwendet, als wir auf die Spendung des himmlischen Brodes. Es ist eine große Täuschung des bösen Feindes, wenn der Diener Christi für sein Wirken eine Zeit oder ein Land fordert, wo er ohne Hindernisse arbeiten kann. Je größer die Hindernisse sind, die sich dem Lehramte der Kirche entgegen stellen, desto großmüthiger, begeisterter, aufopfernder muß der Diener Christi sein — in Erfüllung des Befehles, docete, lehret alle Völker. Selbst der Undank darf ihn nicht entmuthigen. Das ist oft ein schwerer, innerer Kampf des frommen Priesters, wenn er bei der heiligsten Liebe, der größten Aufopferung, der reinsten Absicht, nur Undank der Welt, gänzliche Verkennung findet. Um

---

1) 2 Tim. 2, 5.

Christi willen muß er aber auch dieses Opfer freudig bringen und Böses mit Gutem vergelten. Also, geliebte Brüder und Priester, arbeitet im Weinberge des Herrn, theilet im Schweiße der Arbeit das Brod des Lebens aus, welches Christus uns mit blutigem Schweiße verdient hat, lehret die Kinder den Katechismus in jenem Geiste, den der Apostel Paulus ausspricht, wenn er sagt: Predige das Wort, halte an damit, es sei gelegen oder ungelegen, überweise, bitte, strafe, in aller Geduld und Lehrweisheit: denn es wird eine Zeit kommen, da sie die gesunde Lehre nicht ertragen, sondern nach ihren Gelüsten sich Lehrer über Lehrer nehmen werden, welche die Ohren kitzeln; und von der Wahrheit werden sie das Gehör abwenden, den Fabeln aber hinwenden. Du aber sei wachsam, ertrage alle Mühseligkeiten, thue das Werk eines Evangelisten, erfülle dein Amt[1]). O möchten in diesem Eifer alle Kinder unserer Diöcese unterrichtet werden! Darum bitte ich Euch, geliebte Brüder und Priester, mit den Worten desselben heiligen Apostels: Ich beschwöre dich vor Gott und Jesu Christo, der die Lebendigen und die Todten richten wird, bei seiner Wiederkunft und seinem Reiche[1]).

Den Priestern zur Seite steht dann Ihr, geliebte Lehrer, als Gehilfen und Mitarbeiter derselben bei dem erhabenen Geschäft des christlichen Unterrichtes und der christlichen Erziehung. Die hohe Bedeutung, welche die Kirche dem Lehrerstande für die

---

1) 2 Tim. 4, 2—5. — 1) Ebendas. V. 1.

christliche Bildung der Kinder beilegt, erkennen wir aus dem Wirken eines Mannes, der insbesondere den Geist Gottes hatte, und die Mittel kannte, das Reich Gottes auf Erden zu verbreiten. Auf der ersten Provinzialsynode, welche der heil. Carolus Borromäus im Jahre 1565 mit den Bischöfen seiner Provinz abhielt, handelte er, unter den vielen wichtigen Gegenständen, die berathen werden sollten, fast an erster Stelle von der Schule. **Wir ermahnen,** sprach er mit seinen Mitbrüdern, den übrigen Bischöfen, **dringend die Fürsten und die Magistrate, daß sie keine Unkosten scheuen, um in den Städten und Ortschaften, die ihnen untergeben sind, Lehrer anzustellen, die sich ebenso durch ihren Glauben und ihren tugendhaften Lebenswandel, wie durch Kenntnisse und Wissenschaft auszeichnen.** Das ist in der That die rechte Reihenfolge der Eigenschaften, die den Lehrer zieren sollen, der berufen ist, die Kinder auch in jener heiligen Wissenschaft zu unterrichten, die aus dem Schoße Gottes stammt; er muß selbst von dem Glauben durchdrungen sein, den er lehrt; — er muß den Glauben in einem tugendhaften Leben kundgeben; — er muß endlich die nöthigen Kenntnisse besitzen.

Hier bin ich nun genöthigt, auf einen Widerspruch einzugehen, den der Unglaube gegen diese einleuchtende Wahrheit, zum größten Verderben für unsere Schulen und Kinder, geltend zu machen gewagt hat. Wenn es sich hier nur um die Ansicht eines einzelnen Mannes handelte, so könnte ich mit Stillschweigen darüber hinweggehen; da aber dieser Widerspruch von einem Manne erhoben wird, der in früherer Zeit seinen Einfluß auf einen großen Theil des deutschen

Lehrerstandes verbreitet hat, dessen Grundsätze in unzählige Schulen eingedrungen sind, der auch jetzt noch viele Schüler unter den Lehrern zählt, so glaube ich ihn zur Warnung erwähnen zu müssen. Ich finde dadurch zugleich Gelegenheit, den wahren Grund der traurigen Erscheinung aufzudecken, daß so manche christliche Schulen eine ganz unchristliche Jugend erzogen haben. Dieser Mann, der bekannte Diesterweg, der von einer tief feindseligen Gesinnung gegen das Christenthum und die Kirche durchdrungen ist, weil er von beiden nur die Mißgestalt kennt, die er in sich trägt, hat gewagt, das Gegentheil zu behaupten, und sucht die Ansicht unter den Lehrern zu verbreiten, daß auch ein von der Lehre seiner Kirche innerlich abgefallener öffentlicher Lehrer fortfahren könne, als Religionslehrer zu wirken, und folglich in seinem Amte zu bleiben. Er gibt dann hierüber folgende Anweisung, die unsere volle Aufmerksamkeit verdient. „Der öffentliche Lehrer," sagt er, „lehrt conform dem Lehrinhalt seiner Kirche. Aber Niemand hindert ihn, sein subjectives Gefühl, seine subjective Stimmung hineinzutragen und mit diesen Factoren, die mächtiger wirken als der buchstäbliche Inhalt, ja diesen erst lebendig machen, auf die Kinder zu wirken. Je intensiver dieses Gefühl, je fester Gesinnung und Character, je klarer die Erkenntniß in ihm sind, desto tiefer und nachhaltiger wird er auf sie einwirken. Nicht was du sagst, sondern was du bist und was du thust, — das ist's[1]."
So weit seine Worte. Machen wir uns diese Rathschläge recht klar, Geliebte; wir haben hier ein wahrhaft teuflisches System

---

[1] Pädagogisches Wollen und Sollen, von Adolph Diesterweg. Leipzig. 1857. S. 35.

der Verführung der Kinder zum Unglauben und des schändlichsten Betruges der Eltern vor uns. Der ungläubige Lehrer soll also zunächst nach diesem Rathe, um seine Stelle nicht zu verlieren, fortfahren, Das zu lehren, was er innerlich für unwahr hält, vielleicht verspottet, verachtet. Schon das ist ohne Zweifel eine Heuchelei; denn nicht durch die Worte, die er äußerlich hersagt, sondern durch den inneren Glauben ist er ein Glied der Kirche, und nur in der Voraussetzung dieses inneren Glaubens hat er die Stelle erhalten. Er soll aber bei dieser Heuchelei nicht stehen bleiben, sondern vielmehr jetzt planmäßig und absichtlich diesen Schein einer katholischen Gesinnung, durch den er sich im Amte erhält, benutzen, um den Kindern ihren katholischen Glauben zu nehmen. Der ungläubige Lehrer soll deßhalb den Buchstaben der Religionslehre, ohne Das, was den Buchstaben lebendig macht, — also die bloße todte Form vortragen; dagegen soll er in der Ueberzeugung, dadurch die todte Form bald wieder zu beseitigen, in die lebendige Seele der Kinder seine eigenen Gefühle und Stimmungen des Unglaubens und des Spottes über die Religion einhauchen[1]). Weiter kann in der That der Betrug und die Schlechtigkeit kaum getrieben werden, als es hier gerathen wird. Ich erinnere Euch, um dies recht einzusehen, an Das, was ich vorher über das Verhältniß der drei Stufen des Religionsunterrichtes und über den Werth der verschiedenen Seelenfähigkeiten des Kindes gesagt habe. Nach diesem Systeme der Lüge soll also der ungläubige Lehrer dem niedersten Seelenvermögen, dem Gedächtniß, einige Brocken der Glaubensform darreichen, dagegen den

---

[1]) Man sehe hierüber die weitere Begründung am Ende dieses Hirtenbriefes S. 62.

Verstand und die Liebe des Kindes dem Unglauben widmen. Die Religionslehre ist ein Austheilen des Brodes vom Himmel, das im Auftrage Christi dem Kinde gegeben wird; der ungläubige Lehrer soll dagegen die Gestalt des christlichen Himmelsbrodes benutzen, um das Gift seines Unglaubens der Seele einzuhauchen, wie Judas den Kuß benutzte, um Christus zu verrathen. Die Eltern erwarten, daß ihr Kind in der Religionsstunde Gott kennen und lieben lernt, — sie täuschen sich aber; der ungläubige Lehrer hat nur den Schein der Religionsstunde benutzt, um Lehrer der Kinder zu bleiben; statt ihnen aber christliche Gefühle und Gesinnungen einzuflößen, hat er sie mit seinen eigenen ungläubigen Gesinnungen und Gefühlen angefüllt. Ich glaube nicht, daß je eine verbrecherischere Ansicht ausgedacht und ausgesprochen, je ein schändlicherer Betrug begangen worden. Ich weiß, geliebte Lehrer, daß Ihr Euch in der unvergleichlich und weitaus größten Mehrzahl mit Abscheu von einem Systeme abwendet, welches dieselbe Unterrichtsstunde, bei denselben Kindern, für das Gedächtniß zu einer Lehrstunde der Lehre Christi machen will, um so Gelegenheit zu finden, sie für Verstand und Willen zu einer Lehrstunde des Antichrist zu machen. Mit inniger Freude bekenne ich, daß eine große Zahl Lehrer an unseren Schulen thätig ist, die von der erhabenen Aufgabe des Religionsunterrichtes vollkommen erfüllt sind. Ich kann aber leider nicht zweifeln, daß die verderbliche Richtung, welche der genannte Mann so vielen Lehrern gegeben hat, noch bei einigen Wenigen fortbesteht; und die Früchte, welche einige öffentliche und Privat=Schulen tragen, beweisen nur zu deutlich, daß jene verabscheuungswürdigen Rathschläge in ihnen zur An=

wendung kommen, daß ungläubige Lehrer den Schein der Religion benutzen, um die Kinder in ihrem Unglauben erziehen zu können. Wo so verderbliche Grundsätze ungescheut auftreten und auf offenem Markte ausgeboten werden, ist es gewiß an der Zeit, offen und ohne Unterlaß davor zu warnen. Es ist dies um so nothwendiger, weil die meisten Eltern es nicht einmal ahnen, daß eine solche Behandlung ihrer Kinder möglich ist. Nachträglich sehen sie dann die Früchte und wissen nicht, wer das Unkraut auf den Acker gesäet hat, während sie glaubten, daß nur der reine Waizen der Erkenntniß und Liebe Gottes ausgesäet sei.

Endlich seid Ihr, geliebte Eltern, berufen, den Religionsunterricht zu unterstützen. Eure Pflichten gegen die Kinder bilden auch eine Stufenleiter, wo eine Stufe nach der anderen immer wichtiger und ernster wird. Gott hat Euch zuerst jenes gebrechliche Gefäß von Erde, welches die höheren Gaben tragen soll, den Leib des Kindes, zur Pflege übergeben. Gott hat dann zweitens sein eigenes Bild, den unsterblichen Geist, mit den natürlichen Gaben, die ihn Gott ähnlich machen, verborgen in jener Hülle von Staub, Eurer Fürsorge anvertraut. Gott hat endlich drittens Euer Kind in der heiligen Taufe an Kindesstatt angenommen, hat es mit ganz wunderbaren übernatürlichen Gaben, die es fähig machen, Ihn zu erkennen, zu lieben und zu besitzen, an der Seele herrlich geschmückt, und hat dann das Kind Euch wieder anvertraut, um es als Gottes Kind zu seiner Erkenntniß und zu seiner Liebe zu erziehen und die reichen Schätze der Gnade, die Gott ihm gegeben hat, unter den vielen Gefahren des Lebens, dem Kinde zu bewahren. Daraus ergibt sich nun die

Stufenleiter der Pflichten der Eltern von selbst. Sie haben die Pflicht, für den Leib des Kindes zu sorgen, das natürliche Bild Gottes in dem Kinde mit aller Sorgfalt zu pflegen, vor Allem aber die Kindschaft Gottes und das Erbrecht auf den Himmel dem Kinde zu bewahren und es mit allen den Mitteln, die der Sohn Gottes ihnen zur Nahrung des Kindes gegeben hat, vor Abwegen zu schützen und auf dem geraden Wege zum himmlischen Vater zu führen. Diese letzte Pflicht ist zugleich wieder Ziel und Ende aller anderen elterlichen Pflichten, so daß es den Eltern nichts nützt, den Körper gepflegt und die natürlichen Anlagen des Kindes entwickelt zu haben, wenn sie es nicht zur Erkenntniß und Liebe Gottes erziehen. Wenn dieses Ziel nicht erreicht wird, sind für den Tag des gerechten Gerichtes alle anderen Bemühungen und Arbeiten der Eltern leer und nichtig. Unter allen Mitteln aber, die wir haben und anwenden können, um die Kinder zur Erkenntniß und Liebe Gottes zu führen, gibt es natürlich kein wirksameres, als jenes himmlische Brod, welches uns der Sohn Gottes selbst als Nahrung für unsere Kinder in seiner göttlichen Lehre gegeben hat, und welches wir den Kindern im Religionsunterrichte darreichen. Daraus folgt nun die große und schwere Pflicht, welche die Eltern haben, den Religionsunterricht aus allen Kräften zu unterstützen. Diese Unterstützung des elterlichen Hauses ist aber so wichtig, geliebte Eltern, daß von ihr insbesondere der ganze Erfolg des Religionsunterrichtes abhängt. O möchten doch alle Eltern diese heilige Pflicht erfüllen und aus allen Kräften mitwirken, daß ihre Kinder an dem Brode zum ewigen Leben keinen Mangel haben!

Die Eltern müssen aber den Religionsunterricht insbesondere durch die Anwendung von **vier** Mitteln kräftig unterstützen!

Erstens müßt Ihr selbst davon durchdrungen sein, daß der Unterricht in der Erkenntniß Gottes, in der Lehre und Liebe Jesu weitaus der wichtigste Unterrichtsgegenstand ist, daß das himmlische Brod den Kindern nothwendiger ist als das irdische; nach dieser Ueberzeugung müßt Ihr dann handeln und sie vor den Kindern aussprechen. Erwäget deßhalb und beherziget, geliebte Eltern, was ich über den Werth des Religionsunterrichtes in diesem Hirtenbriefe gesagt habe. Die Kinder kennen aus sich noch nicht den wahren Werth der Dinge und den Werth der verschiedenen Kenntnisse, die sie erwerben müssen. Deßhalb hat Gott ihnen Eltern gegeben, die den Kindern das rechte Maß und Gewicht für alle Dinge in die Hand geben sollen. Von den Eltern sollen die Kinder lernen, daß alle Kenntnisse nur Werth haben, wenn sie uns dienen, Gott kennen zu lernen, daß also der Religionsunterricht der wichtigste Unterricht ist. Die Eltern sind ferner aus denselben Gründen verpflichtet, wenn sie für ihre Kinder eine Lehranstalt, ein Gymnasium, eine Realschule, ein Privatinstitut auswählen, an erster Stelle danach zu sehen, wo sie die beste Gelegenheit haben, einen gründlichen Religionsunterricht zu empfangen; sie sollen dieser Rücksicht alle anderen weit unterordnen. Aber freilich, geliebte Eltern, **die fleischlich sind**, sagt der heil. Apostel Paulus, **trachten nach dem, was des Fleisches ist**[1]), und fleischliche Eltern, voll irdischer

---

1) Röm. 8, 5.

Gesinnung, können so nicht handeln. Eltern, die wie jene Juden, nur den Werth des Brodes kennen, das bald zu Grunde geht, nicht aber den Werth jenes göttlichen Brodes, das in's ewige Leben dauert, können auch für ihre Kinder den Werth des göttlichen Brodes nicht erkennen. Solche Eltern lehren ihre armen Kinder, die Dinge hier auf Erden, zu ihrem Verderben, mit einem falschen Maße zu messen. Wenn viele Kinder auf das Benehmen und die Aeußerungen ihrer Eltern sehen, müssen sie ganz umgekehrt glauben, daß unter allen Kenntnissen die Kenntniß Gottes die werthloseste sei. Was aber die Auswahl der Lehranstalten und Institute für die Kinder betrifft, so herrscht hier bei Vielen eine wahrhaft entsetzliche Verblendung und Gewissenlosigkeit. Ohne Unterlaß schicken Eltern vom Lande ihre Kinder in die erste beste Anstalt, oft nach ganz zufälligen Empfehlungen, ohne irgend eine Prüfung über die Gefahren anzustellen, denen sie ihre Kinder aussetzen. Als sittenreine, gläubige Kinder verlassen sie das elterliche Haus, als unsittliche, ungläubige, hochmüthige Menschen kehren sie zurück, um dann als Halbgebildete in ihrem Heimathsorte eine Quelle des Verderbens und der Verführung zu werden. In den Städten aber zeigen ja so viele Eltern durch die Auswahl der Institute, denen sie ihre Kinder übergeben, daß unter allen Rücksichten, die sie genommen haben, die auf das Brod des Lebens, auf die Lehre des Sohnes Gottes, die allerletzte Stelle eingenommen hat. Der dem Geiste Gottes ganz entfremdete Weltgeist, der ganze Stände durchdringt, hat sich sogar schon daran gewöhnt und findet es ganz in der Ordnung, daß in den Instituten, denen die Kinder übergeben werden, für den Religionsunterricht entweder gar keine Zeit übrig gelassen ist, oder unter allen Lehrgegenständen die weitaus kürzeste. Ich habe sogar in meiner Diöcese Eltern, die sich offenbar durch die bekannte religionsfeindliche Richtung gewisser Lehrer und Institute erst eigentlich bewegen lassen, ihre unglücklichen Kinder — unglücklich, weil sie solche Eltern haben — diesen Lehrern und Instituten anzuvertrauen. Ich habe oft von Eltern gehört, die selbst ohne Gott und ohne Liebe zu Jesus, wenigstens Freude daran hatten, ihren Kindern die Glückseligkeit des Glaubens und der Liebe Jesu zu geben; jetzt muß ich Eltern kennen lernen, die ihren Kindern das Licht der Welt, das Licht zur Erleuchtung der Heiden, nicht gönnen, die mit wahrer Lust, selbst gottlos, ihre Kinder gottlos machen, die das übernatürliche Leben in der Seele ihrer Kinder tödten. Wehe ihnen! sie tödten zwar nicht den Leib, sie tödten aber die Seele ihrer Kinder; denn das ist der Tod der Seele, Gott nicht kennen, Gott nicht lieben. Ich kann nicht hoffen, daß meine oberhirtliche Stimme bis zu den Herzen aller Eltern dringen werde, die in der bezeichneten Art ihre Pflichten versäumen. Um so größer ist aber Eure Pflicht, geliebte Brüder und Priester, die ihr jedes Kind Eurer Pfarrei und die Anstalt, die es besucht, kennen müßt, in solchen Fällen, aus Liebe zu diesem Schäflein der Heerde Jesu, für deren Seelenheil Christus sein Blut vergossen hat, den Eltern mit apostolischem Freimuth die Sünde an ihren Kindern vor Augen zu stellen. Erst dann seid Ihr vor dem Angesichte Gottes von aller Mitschuld frei.

Das zweite Mittel, den Religionsunterricht zu unterstützen,

besteht in der christlichen Ordnung des ganzen Familienlebens. Der Religionsunterricht soll die Kinder zur Erkenntniß und Liebe Gottes führen; im Familienleben muß also Alles entfernt werden, was dieser Erkenntniß und Liebe entgegen steht; muß Alles dazu beitragen — jede Handlung und Rede der Eltern und der Familienglieder — die Erkenntniß und die Liebe Gottes zu fördern. Das Familienleben soll für die Kinder das lebendige Beispiel und die tägliche Uebungsschule für alle Lehren sein, die sie im Religionsunterricht erhalten. Insbesondere habt Ihr, geliebte Eltern, eine große Gewalt, die Herzen der Kinder entweder zur Liebe Gottes oder zur Liebe der Welt anzuregen. Wenn Ihr nun diese Herzen, in die Gott bei der heiligen Taufe eine große übernatürliche Kraft zur Liebe Gottes eingegossen hat, täglich durch Euer Beispiel und Eure Reden mit dem Gewichte der Liebe der Welt und ihrer Eitelkeiten belastet, die sie ganz zur Erde niederziehen, wie kann dann der Religionsunterricht sein höchstes Ziel erreichen und dieselben Herzen über alle erschaffenen Dinge zur Liebe Gottes emporheben? Ehe du betest, sagt der heilige Geist, bereite dich dazu, und sei nicht wie ein Mensch, der Gott versucht[1]. So ist es wahrhaft auch ein vermessenes Versuchen Gottes, wenn Eltern durch den Geist des Familienlebens die höheren Kräfte der Seele des Kindes ganz mit weltlichen Gedanken und weltlicher Liebe anfüllen, und sie, so bereitet, zum Religionsunterrichte schicken. Da gleicht das Kind einem angefüllten Raume, wo kein Platz mehr für die Erkenntniß und Liebe Gottes

---

1) Eccli. 18,23.

ist. Wenn dagegen die Eltern durch einen christlichen frommen Familiengeist die Seelen der Kinder auf Gott hinwenden, nach der Mahnung des Apostels: Was droben ist, habet im Sinne, nicht, was auf Erden[1]); dann ist jedes Wort der Lehre Jesu ein Feuer, das vom Himmel auf die Seelen der Kinder herabfällt und das heilige Feuer göttlicher Liebe in ihnen entzündet.

Drittens seid Ihr verpflichtet, den Religionsunterricht dadurch zu unterstützen, daß Ihr die Kinder fleißig zur Schule schickt, und daß Ihr auch zu Hause ihnen Zeit gebet und sie anhaltet, sich auf den Religionsunterricht fleißig vorzubereiten. Beides ist von großer Wichtigkeit. Ohne ganz regelmäßigen Schulbesuch ist es bei den vielen Gegenständen, die in der Schule vorgenommen werden müssen, unmöglich, die Kinder gründlich im Katechismus zu unterrichten. Außerdem ist aber die häusliche Vorbereitung für den Religionsunterricht von der größten Bedeutung. Insbesondere fällt hier dem elterlichen Hause das Auswendiglernen zu. Die Kinder erhalten täglich einige Fragen, die sie lernen und am folgenden Tage deutlich aufsagen müssen. Da ist es nun eine Pflicht der Eltern, sich um den Religionsunterricht zu kümmern, ihn im elterlichen Hause zu verfolgen, wie er in der Schule fortschreitet, und namentlich sich davon zu überzeugen, ob die Kinder auch die tägliche Aufgabe gut gelernt haben.

Diese Pflicht werden aber die Eltern nur erfüllen, wenn

---

1) Col. 3, 2.

überhaupt der Katechismus wieder ein allen Hausbewohnern bekanntes und geliebtes Hausbuch wird, und das ist das letzte und vierte Mittel, wodurch Ihr den Religionsunterricht unterstützen könnt, und der Gedanke, mit dem ich diesen Hirtenbrief beschließen will. Der Katechismus ist ein kurzer Inbegriff der göttlichen Offenbarung, der Lehre Jesu Christi, wie sie durch die heilige Schrift und die mündliche Ueberlieferung in der katholischen Kirche auf uns gekommen ist. Der Katechismus ist das Lehrbuch, wodurch Alle jene Kenntniß erlangen sollen, von der der Heiland sagt: Das aber ist das ewige Leben, daß sie Dich erkennen, den allein wahren Gott, und den Du gesandt hast, Jesum Christum[1]). Er ist für alle Stände und Lebensalter ein Wegweiser zum Himmel, durch die Irrwege des Lebens, ein Gefäß für das Brod des Lebens. Darum soll auch der Katechismus das erste und wichtigste Buch in jeder christlichen Familie sein. Nichts ist verderblicher und unwahrer als die Ansicht, daß der Katechismus nur für die Schulkinder bestimmt sei. Das ist eine Ansicht, die der Geist der Finsterniß verbreitet hat. Allerdings sollen die Kinder in der Schule ihn ohne Unterlaß zu lernen streben; aber was das Kind gelernt hat, soll der Jüngling in der Christenlehre fortsetzen und der Mann und der Greis immer tiefer zu erkennen streben. Der Katechismus soll in der Hand der Kinder und in der Hand der Eltern, — in der Hand der Herrschaften und in der Hand der Dienstboten, — in der Hand der Gelehrten und in der Hand der

---

1) Joh. 17, 3.

Unwissenden, — in der Hand der Könige und in der Hand der
Unterthanen sein. Wer zu sagen wagt, daß er aus dem Kate=
chismus nichts mehr zu lernen habe, der mag ihn aus der Hand
legen; da würden aber die Engel vom Himmel kommen und ihn
Lügen strafen und bekennen, daß auch sie, mitten im Lichte der
Strahlen, die von Gott ausgehen, noch wachsen können in der
Erkenntniß der Wahrheiten, die im Katechismus enthalten sind.
Der Katechismus soll deßhalb auch ein vielgebrauchtes Lesebuch
für die ganze Familie sein. O das ist ein Anblick, an dem Gott
Freude hat, wenn recht oft alle Glieder der Familie sich um den
Katechismus vereinigen, und wenn sie dann, wie sie um denselben
Tisch sitzen, um das irdische Brod zu essen, nun auch an dem=
selben Tische zusammen das Brod vom Himmel, jeder nach dem
Maße seiner Fähigkeit, genießen. Da kann dann Der, der mehr
Einsicht hat, Dem mittheilen, der weniger hat; **Alle aber
können dieselbe geistige Speise genießen, Alle den=
selben geistigen Trank trinken — aus dem geistigen
Felsen, und der Fels ist Christus**[1]), dessen Lehre der Ka=
techismus enthält. Wenn so der Katechismus in der christlichen
Familie angesehen und behandelt wird, dann wird der Vater,
selbst der Greis, den Katechismus kennen und mit Freuden seinen
Inhalt an Sonntagen und in freien Stunden mit den Kindern
besprechen; dann wird der ganze Familienkreis geheiligt und ge=
einigt sein; dann werden alle Bewohner des Hauses ihre Pflichten
stets vor Augen haben, dann wird die Ehe im Geiste Christi

---

1) 1 Cor. 10, 3. 4.

geschlossen und die Brautleute werden nicht das Verbrechen begeben, in den Ehestand zu treten, ohne die großen Pflichten dieses heiligen Standes zu kennen; dann werden auch die Schulkinder mit großem Eifer den Katechismus lernen und ihn als das wichtigste Lehrbuch ehren; dann werden endlich Alle durch den rechten Gebrauch des Katechismus alle Tage des Lebens wachsen in der Erkenntniß und Liebe Gottes, bis sie Den von Angesicht zu Angesicht ewig schauen und lieben werden, nach Dessen Erkenntniß und Liebe sie so oft strebten, als sie den Katechismus zur Hand nahmen.

Wachset also, Vielgeliebte, durch den rechten Gebrauch des Katechismus, in der Gnade und Erkenntniß unsers Herrn und Heilandes Jesu Christi. Ihm sei Ehre nun und zu ewigen Zeiten. Amen[1]).

---

1) 2 Petr. 3, 18.

Nachtrag zu Seite 50.

Der bekannte Pädagog A. Diesterweg hat in einer Broschüre unter dem Titel „Bischof und Pädagog" die Behauptung ausgesprochen, ich habe an jener Stelle der vorstehenden Unterweisung, wo ich die Rathschläge erwähne, die er den ungläubigen Lehrern über Ertheilung des Religionsunterrichtes gibt, ihn mißverstanden und den Sinn seiner Worte verdreht, ich habe ihn sagen lassen, was er nicht gemeint und nicht gesagt habe, ich habe mir falsche und schlechte Schlüsse erlaubt u. s. w. S. 9.

Da es nun von sehr hohem Interesse ist festzustellen, ob ein Mann wie D., der einst einen so großen, auch jetzt noch nicht ganz erloschenen Einfluß auf den deutschen Lehrerstand geübt hat, in der That, wie ich es behauptet habe, ein förmliches System von Trug und Heuchelei über die Art, wie gläubige Kinder von ungläubigen Lehrern für den Unglauben erzogen werden sollen, ohne daß die Eltern und Vorsteher es bemerken können, aufgestellt hat, — da es ferner meine Pflicht wäre, öffentlich meinen Irrthum zu widerrufen, wenn ich der Wahrheit entgegen jene Behauptung ausgesprochen hätte, — da aber endlich jene Grundsätze um so verwerflicher erscheinen würden, wenn sie zwar zweifellos ausgesprochen, jetzt aber, da sie an das Tageslicht gezogen sind, von ihrem Urheber abgeleugnet wären, so halte ich es für meine Pflicht, die Anklage, die ich gegen Herrn D. erhoben habe, näher zu begründen. Ich werde daher aus dem „Pädagogischen Wollen und Können von A. D." die ganze bezügliche Stelle, von der ich in der Anweisung für den Religionsunterricht nur einige Sätze angeführt habe, hersetzen und ihren Sinn genau prüfen.

Herr D. beginnt:

21. „**Die religiöse Freiheit des Lehrers.** Der rechtschaffene und aufrichtige Mann spricht die Wahrheit, d. h. das, was er für wahr

hält, aus — seine Ueberzeugung. Darin besteht die Aufrichtigkeit und Ehrlichkeit gegen Jeden.

„Doppelt angenehm und erfreulich ist es, wenn man aufrichtigen und ehrlichen, nur die Wahrheit hörenwollenden Menschen gegenüber steht; dann geht einem das Herz auf, man spricht seine innersten Ueberzeugungen aus, was jederzeit ein geistiger Genuß ist, indem es eine innere Befriedigung gewährt. So ist der Mensch von Kindesbeinen an, das Kind ist ein geborner Wahrheitsfreund. Wer in diesem Sinne kein Kind mehr ist, (wie Pestalozzi eines war und blieb), hat den Sinn für einfache Naturwahrheit verloren.

„Der aufrichtige Mensch spricht zu denjenigen, die er für reinen Herzens erachtet, seine innersten Ueberzeugungen auch über schwierige, wenigstens schwierig scheinende Verhältnisse aus."

An diesen Worten bitte ich den Eingang besonders zu bemerken: „der rechtschaffene und aufrichtige Mann spricht die Wahrheit, d. h. das, was er für wahr hält, aus — seine Ueberzeugung. Darin besteht die Aufrichtigkeit und Ehrlichkeit gegen Jeden." Er genügt vollkommen, um später die ganze Controverse zu lösen. Ohne Zweifel wird Herr D. hiernach zugeben, daß wer also die Wahrheit nicht spricht oder lehrt, wer lehrt und spricht, was er nicht für wahr hält, was seiner Ueberzeugung widerspricht, kein rechtschaffener und aufrichtiger Mann ist, daß ein solcher vielmehr „die Aufrichtigkeit und Ehrlichkeit verletzt, die er Jedermann (— also auch den Eltern und den Herren der Schulen —) schuldet." Wir brauchen diese Sätze im späteren Verlauf nur auf die Rathschläge des Herrn D. anzuwenden und wir haben aus seinem eigenen Munde dasselbe Urtheil, das ich über ihn ausgesprochen habe. Soweit sind wir also mit Herrn D. namentlich über seinen Begriff des aufrichtigen und ehrlichen Mannes vollkommen einverstanden.

Herr D. stellt nun das Thema auf, welches er als rechtschaffener und aufrichtiger Mann, der nur spricht, was er für wahr hält, behandeln will, und fährt deßhalb fort:

„Dieses soll hier in Betreff eines besonderen Falles geschehen, indem ich meine Meinung darüber sage, wie sich der aufrichtige und pflichttreue Lehrer verhält in Bezug auf religiöse Ansichten und Ueberzeugungen, welche von der Kirchenlehre abweichen, wie er sich in diesem (Collisions-) Falle seinen Schülern gegenüber zu verhalten hat.

„Darf oder soll er diese abweichenden Meinungen seinen Schülern mittheilen?"

Die Frage ist hier so gut wie möglich festgestellt. Hören wir nun, welche Antwort Herr D. gibt und ob er bei den Rathschlägen, die er den Lehrern ertheilt, die Grundsätze, die er selbst über Rechtschaffenheit, Aufrichtigkeit und Ehrlichkeit ausgesprochen hat, vor Augen behält!

„Vorerst ist anzuerkennen, fährt Herr D. fort, und bestimmt zu behaupten, daß der Lehrer, wie jeder Mensch berechtigt ist, sich eine selbstständige Meinung über den Inhalt der Religionslehre zu bilden. Diese subjective Entwicklung ist eine vollkommen berechtigte; wenigstens kein Protestant wird sie dem Andern streitig machen. In Betreff des Fürwahrhaltens und folglich auch des Glaubens gibt es kein Müssen und kein Sollen, von Pflicht des Fürwahrhaltens kann keine Rede sein. Man hält für wahr, was man für wahr hält; was nicht, nicht. Die Wahrheitsliebe regiert und bestimmt alles Denken, Meinen, Glauben. Wer aus eigennützigen Absichten, aus Menschengefälligkeit, aus Schwäche, aus Leichtsinn, aus Gleichgültigkeit sich zu einem Glauben bekennt, verfällt dem Laster des **unsittlichen Glaubens**. Wer aus Menschengefälligkeit, Schwäche, egoistischen Absichten, um der Beschönigung der Leidenschaften willen u. s. w., das, was er bei Lauterkeit des Herzens eigentlich für wahr zu erachten sich nicht entbrechen kann, dennoch in Abrede stellt und leugnet, verfällt dem **unsittlichen Unglauben**. Wer das Glaubwürdige aus reiner Liebe zur Wahrheit fest und hoch hält, hat den **sittlichen Glauben**. Und wer gleichfalls aus Liebe zur Wahrheit Dasjenige verwirft, was Andere für wahr halten und glauben, hat in Beziehung auf diese den **sittlichen Unglauben**.

„Der **unsittliche Glauben** ist leider sehr häufig; auf seinem Culminationspunkte besteht er in bewußter Heuchelei.

„Der **unsittliche Unglauben** ist eine viel seltenere Erscheinung.

„Der **sittliche Glauben**, wie der **sittliche Unglauben**, der nur relativ so genannt werden kann, ist der Characterzug der coleren Menschheit.

„Was sich nicht mit sittlichen, der Aufrichtigkeit und Wahrhaftigkeit huldigenden Gesinnungen verträgt, ist wurmstichig und giftig. Die sittliche Gesinnung ist die Basis aller menschlichen Tüchtigkeit. Nur der Glaube hat für den Menschen Werth, welcher auf ihr ruht. Der Inhalt des Glaubens kann sich ändern, in dem einzelnen Menschen, wie in der ganzen Menschheit, und es ist dies ein unvermeidlicher Vorgang, der folglich zu respectiren ist, wenn nur die Sittlichkeit des Individuums und des Geschlechts, die Liebe zum Wahren und Guten mit dem Willen, das Rechte und Gute zu vollbringen, nicht wankt.

„Aus diesem sittlichen, der Wahrheit um ihrer selbst willen zugewandten Streben kann sich beim Menschen als Resultat entwickeln, daß er den Glauben der Kirche, der er angehört, entweder ganz oder theilweise nicht mehr für wahr anerkennt. Verhindern kann man diese Veränderung nicht, ja es wäre direct unsittlich, wenn man es wollte, weil die Wahrheitsliebe über Alles geht und gehen soll; in der Regel ist es ein erfreuliches Zeichen, weil es andeutet, daß man seit den Jahren der Kindheit, in welchen ein bestimmter Glaubensinhalt auf Treu und Glauben angenommen wurde, fortgeschritten, aus einem unmündigen und abhängigen Menschen zu einem mündigen und selbstständigen herangewachsen ist. Sehr aufrichtige oder ängstlich erzogene Menschen pflegen sich, wenn sie gewahr werden, daß sich in ihnen Zweifel gegen diese oder jene „Wahrheit", die ihnen als heilig und unverletzlich geschildert worden, regen, darüber Gewissensbisse und Vorwürfe zu machen. Diese Beschaffenheit ist achtungswerth, aber trotz dem ist sie zu bekämpfen, weil sie die unbefangene Prüfung des für wahr Ausgegebenen erschwert, oft unmöglich macht. Es wird nicht leicht einen zu fester Ueberzeugung durchgedrungenen Menschen geben, der nicht eine beängstigende Periode des Zweifels und der Gewissensunruhe durchgemacht hat. Bei der jetzt noch stattfindenden Beschaffenheit unseres Jugend-Religionsunterrichtes, in unzeitig frühem Anlehren bestehend, wird diese Durchgangsperiode von Hunderten kaum Einem erspart werden." —

Alles hier Gesagte gehört eigentlich gar nicht zur Sache und zur Beantwortung der Frage, die beantwortet werden soll. Einiges davon ist wahr, Anderes halbwahr, Anderes unwahr.

Wahr ist ohne Zweifel, daß der Lehrer, wie jeder Mensch, berechtigt ist, sich eine selbstständige Meinung über den Inhalt der Religionslehre zu bilden; daß das, was wir im Glauben bekennen, mit der Vernunft nicht im Widerspruch stehen darf, sondern im Gegentheil in ihr seine volle Bestätigung finden muß; daß es endlich unsittlich ist, aus irgend einem anderen Motive als aus Liebe zur Wahrheit, einem Glaubensbekenntnisse anzuhängen. Deßhalb sagt schon der Apostel Paulus: Euer Gottesdienst sei ein vernünftiger. (Röm. 12, 1.) Das war zu jeder Zeit der Grundsatz der katholischen Kirche. Dem Protestantismus war es vorbehalten, als Folge der Sünde, einen Widerspruch zwischen der Forderung der Vernunft und dem Inhalte der christlichen Glaubenswahrheiten anzunehmen. Eine achtzehnhundertjährige Geistesthätigkeit auf katholischer Seite und eine Wissenschaft, die sich in diesem langen Zeitraume mit jedem aus dem Menschengeiste auftauchenden Gedanken gemessen hat, hat dagegen bewiesen, daß der wahre Glaube und die gesunde Vernunft sich so wenig widersprechen und vielmehr so innig zusammen gehören, wie das Brod und der Magen, das Licht und das Auge. Es nimmt sich nur fast komisch aus, wenn diese von Katholiken nie bestrittenen Wahrheiten, von der Nothwendigkeit der Uebereinstimmung des Glaubens und der Vernunft, und von der Unsittlichkeit eines der rechten Vernunft widersprechenden Glaubens, jetzt in einer Weise geltend gemacht werden, als seien Das ganz neue Errungenschaften des menschlichen Geistes, die von den Bekennern des confessionellen Glaubens bestritten würden. Statt diese unaussprechlich bekannten Dinge mit einem gewissen prophetischen Pathos auszusprechen, hätte Herr D. sich daran geben sollen, nachzuweisen, daß in der That der positive Glaube, wie ihn die Kirche lehrt, mit der Vernunft in Widerspruch steht.

Unwahr dagegen ist es, wenn Herr D. behauptet, „daß es in Betreff des Fürwahrhaltens und folglich auch des Glaubens kein Müssen und kein Sollen gebe, daß von einer Pflicht des Fürwahrhaltens keine Rede sein könne." Sonderbar! Herr D. spricht hier selbst von lauter Dingen, die wir anerkennen, also für wahr halten sollen, wenn wir nicht unsittlich handeln wollen, er erklärt die sittliche Gesinnung für die Basis aller menschlichen Tüchtigkeit, und dennoch soll von einer Pflicht, etwas für wahr zu halten, keine Rede sein können. Ist es denn keine Pflicht, sittliche Gesinnung zu haben, und die Basis aller menschlichen Tüchtigkeit zu besitzen?! Solche unglaubliche Verwirrung herrscht in diesen Köpfen. Es besteht allerdings eine Pflicht zu einer sittlichen Gesinnung, weil das Sittengesetz nicht von dem Willen des einzelnen Menschen abhängt, sondern von einem höheren Willen dem Menschen gegeben und als Gesetz — ihm gesetzt, nicht von ihm erfunden — seinem Geiste eingeprägt ist; es besteht deßhalb auch eine Pflicht, die Grundlagen dieser sittlichen Gesinnung anzuerkennen und für wahr zu halten. Deßhalb kann man den Menschen, wie auch Herr D. hier thut, unsittlich nennen, der diese sittlichen Grundlagen nicht anerkennen will, und er hat nicht das Recht, dagegen zu sagen, daß es keine Pflicht gäbe zu einem sittlichen

Fürwahrhalten. Ganz daſſelbe gilt aber auch von anderen Gebieten. Es gibt Naturgeſetze, es gibt Denkgeſetze, es gibt Vernunftgeſetze, die ſich alle als „Müſſen" und „Sollen" geltend machen, die alle uns verpflichten, ſie für wahr zu halten. Was würde Herr D. dem Kinde ſagen, welches ihm beim Vortrag irgend eines ganz einleuchtenden mathematiſchen Satzes widerſprechen und mit ſeinen eigenen Worten endlich, trotz aller Erklärung der inneren Nothwendigkeit, antworten würde: von einer Pflicht des Fürwahrhaltens kann keine Rede ſein. Wenn nun die Wahrheiten, welche Gegenſtand des Glaubens ſind, in voller Uebereinſtimmung mit den Geſetzen der menſchlichen Vernunft ſtehen und ſich dem Menſchengeiſte mit allen Kennzeichen der höchſten Wahrheit darſtellen, ſo kann auch ſo gewiß von einer Pflicht des Glaubens geredet werden, wie von einer Pflicht ſittlich zu ſein und vernünftig zu ſein. Wer das leugnen will, muß entweder, um insbeſondere von der katholiſchen Kirche zu reden, alle jene Gründe widerlegen, auf welche die Kirche die Gewißheit ihres Glaubens ſtützt, oder er muß den einzelnen Menſchen von jeder objectiven Norm, der er zu folgen hätte, frei erklären, wo er dann auch nicht mehr das Recht hat, von ſittlich oder unſittlich zu reden. Herr D. iſt dagegen offenbar hier in lauter Widerſprüchen mit ſich ſelbſt befangen.

Wenn dann aber Herr D. fortfährt:

„Vielleicht wird trotz dem Dieſer und Jener noch einwerfen, eine Abweichung von einem beſtimmten Bekenntniß — in früherer Zeit abgelegt — dürfe nicht vorkommen. Aber welcher Sterbliche kann ſich vermeſſen, der Entwicklung und Aenderung der Ueberzeugung, beſonders über die unſichtbaren Dinge, über die auf Autorität angenommenen Anſchauungen Schranken zu ſetzen? Hieße das nicht, den menſchlichen Geiſt, dieſes, wenn es wahr und lebendig iſt, ewig bewegliche Fluidum, einbannen und einkerkern und ſeines eigentlichen Lebens und Weſens berauben? Eine Forderung dieſer Art zerſtört ſich ſelbſt; ſie kann geſtellt, nicht befolgt werden. Widerſpricht es ja ſchon dem Weſen der Natur, wenn man decretiren wollte, ein Stein ſolle ſich nicht ändern;"

ſo iſt das theils unehrlich, theils ſophiſtiſch, theils aber ein Verzweifeln an aller höheren Wahrheit. Unehrlich iſt es, dem Gegner Albernheiten oder Unſittlichkeiten in den Mund zu legen, die ihm ganz ferne liegen. Im höchſten Grade unſittlich wäre aber die Behauptung, daß eine Abweichung von einem früher abgelegten Bekenntniß nie vorkommen dürfe. Die erſte dem Geiste anerschaffene Pflicht ist Hingabe an die Wahrheit und eine Verpflichtung gegen die Wahrheit wäre das fluchwürdigste Verbrechen des Geistes. Eine Abweichung von dem bestimmten Bekenntniß muß deßhalb vorkommen, wo dieses Bekenntniß mit der Wahrheit in Widerspruch steht, und sie darf dort nicht vorkommen, wo der Inhalt des Bekenntnisses Wahrheit ist. Letzteres behauptet aber die katholische Kirche und sie ist bereit, diese ihre Behauptung mit allen Mitteln menschlicher Wissenschaft zu beweisen. Eine Verzweiflung aber an dem eigenen Geiste und an der Existenz einer objectiven Wahrheit ist es, den Menschengeist als ein ewig bewegliches Fluidum aufzufassen, welchem der Wechsel in dem, was er für wahr hält, so nothwendig ist, wie dem Tropfen seine ununterbrochene Umgestaltung in dem Strome, den er herabfließt, oder wie dem Steine seine Veränderung bei den vielen verschiedenen Zwecken, wozu ihn der Steinhauer benutzt. Bei solcher Gesinnung wird der Ausspruch: „die Wahrheitsliebe regiert und bestimmt alles Denken, Meinen, Glauben," nur zu einer leeren und lächerlichen Maske; denn wer kann noch von Wahrheitsliebe reden und mit Begeisterung Kindern eine Wahrheit lehren, wenn die Wahrheit in uns nichts ist, als ein ewig wechselnder Tropfen. Ein entsetzlicher Ausdruck der Gesinnung dieses Mannes! Wehe unseren deutschen Kindern, wenn sie solchen Jugendbildnern in die Hände fallen würden. Unchristlicher und undeutscher gibt es nichts als diese sceptische Denkweise.

Endlich, nach dieser langen Excursion, die uns aber nur gelehrt hat, was kein Mensch bezweifelt, daß nämlich ein Lehrer in inneren Widerspruch mit dem Bekenntniß seiner Confession gerathen kann, was auch um so gewisser eintreten muß, je mehr dieses Bekenntniß von der Wahrheit abweicht, kömmt Herr Diesterweg wieder zum Thema zurück und stellt abermals die Frage:

„Gesetzt also, es gestalten sich andere Ueberzeugungen in dem Lehrer, verschieden von der Lehre der Kirche, der er angehört und welcher seine Schüler angehören sollen, welche Lehre in seiner Schule von ihm oder einem Collegen verbreitet wird — wie dann?"

Antwort: „er hat sie nicht mitzutheilen."

Herr D. hatte oben gesagt: „Der rechtschaffene Mann spricht die Wahrheit aus — seine Ueberzeugung; darin besteht die

Ehrlichkeit gegen Jeden. Wer aus eigennützigen Absichten, aus Menschengefälligkeit, aus Schwäche ꝛc. sich zu einem Glauben bekennt, verfällt dem Laster des unsittlichen Glaubens." Hier sagt er dagegen ausdrücklich, der Lehrer soll seine andere Ueberzeugung nicht mittheilen, nicht gegen Jeden, d. h. nicht gegen die Kinder und die Herren der Schule, jene Ehrlichkeit üben, die wir Jedem schulden.

Noch auffallender als diese Entscheidung sind aber die Gründe für dieselben. Herr Diesterweg gibt zwei Gründe an, weßhalb die Lehrer ihre von der Lehre der Kirche abweichenden Ueberzeugungen nicht mittheilen sollen:

„Sowohl aus Gründen der Pflicht, wie aus pädagogischen Gründen.

„Die Unterweisung in einer bestimmten Religions- oder Kirchenlehre ist in dem angenommenen Falle seiner Schule vorgeschrieben, von den Eltern oder der Kirche oder dem Staat, kurz von den Herren der Schule. Diese Unterweisung hat die Schule übernommen, in derselben muß sie gelehrt werden, gehört mit zu der vom Lehrer übernommenen Verpflichtung. Er würde seiner Pflicht fehlen, wenn er dagegen handelte."

Welch eine Begründung! Sie erfüllt bei einem Manne, der so viel von Aufrichtigkeit und Ehrlichkeit redet, der so oft wiederholt, daß wer immer aus eigennützigen Absichten, aus Menschengefälligkeit, Schwäche, Das, was er eigentlich für wahr hält, in Abrede stellt, unsittlich handelt, mit wahrem Abscheu. Machen wir uns die Sache klar. Hier haben wir den Grundsatz: der Zweck heiligt die Mittel; hier wird er geübt und nicht bloß verläumderisch vorgeworfen. Um alles Ungeheuerliche, das hier aufeinander gehäuft ist, offenbar zu machen, will ich es in getrennten Sätzen aneinanderreihen:

1) Herr D. erkennt es also als eine von dem Lehrer übernommene Pflicht an, die religiöse Unterweisung in jener bestimmten Religions- und Kirchenlehre vorzunehmen, welche der Herr der Schule, Eltern, Kirche oder Staat, vorgeschrieben hat. Natürlich sind wir hier vollkommen einverstanden. Wir bemerken aber sofort, daß wenn diese Pflicht ehrlich verstanden wird, sie sich selbstredend auf den ganzen Umfang der Absicht des Herrn der Schule, also nicht bloß auf die leere Form der Religionslehre, sondern vor Allem auf den Inhalt, auf den Stoff selbst, auf die Wahrheiten bezieht, welche diese Form einschließt.

2) Herr D. hat es ferner als eine Pflicht der Ehrlichkeit gegen Jedermann erklärt, immer die Wahrheit zu sagen, seine Ueberzeugung, und zwar gegen Jeden.

3) Der Lehrer also, welcher jene Pflicht an einer Schule übernommen hat, später aber zu einer anderen religiösen Ueberzeugung gelangt ist, befindet sich in einer Collision von Pflichten, von denen er die eine freiwillig übernommen hat, während ihm die andere ein= für allemal vom Sittengesetze auferlegt ist.

4) Da scheint nun keine andere Lösung möglich zu sein als die: Der Lehrer entsage der freiwillig übernommenen Pflicht, um der unabänderlichen Pflicht des Sittengesetzes und der Ehrlichkeit treu zu bleiben.

5) Herr D. hat aber eine andere Lösung. In der Schule zu bleiben ist überhaupt nicht die Pflicht des fraglichen Lehrers. Um aber dennoch dieses Ziel zu erreichen und in der Schule zu bleiben, dispensirt ihn Herr D. von dem Sittengesetze, dem Gesetze des ehrlichen Mannes, seine Ueberzeugung zu sagen, und rechtfertigt die Unsittlichkeit als Mittel zu dem Zwecke, die Schulstelle zu behalten. Das thut aber derselbe Mann, der so eben noch gesagt hatte: Wer aus eigennützigen Absichten sich zu einem Glauben bekennt, verfällt dem Laster des unsittlichen Glaubens!

6) So sittlich empörend das Alles nun ist, so bleibt doch an dieser Auffassung des Herrn D. noch etwas anscheinend Ehrenhaftes, nämlich die Entschiedenheit, womit Herr D. die Pflicht des Lehrers festhält, in der Religions= und Kirchenlehre zu unterrichten, welche der Herr der Schule vorgeschrieben hat. Die Folgerung, die Herr D. aus diesem Grundsatze zieht, bleibt zwar immer unrichtig; es hat aber den Anschein, als habe sich Herr D., im Eifer für einen an sich richtigen Grundsatz, über das rechte Maß der Anwendung hinaustreiben lassen. Aber auch Das ist unrichtig, und hier stehen wir vor dem non plus ultra aller niedrigen Zweideutigkeit und Unehrlichkeit. Vorher hat Herr D. die Lehrer, aus Rücksicht auf ihre Pflicht, nach dem Willen des Herrn der Schule in einer bestimmten Kirchenlehre zu unterrichten, von der allgemeinen Pflicht eines jeden ehrlichen Mannes, die Wahrheit, d. h. seine Ueberzeugung zu sagen, dispensirt, indem er ihnen gestattet, sie vor den Kindern und den Vorstehern der Schule zu verbergen. Jetzt, und das ist in der That unglaublich, geht Herr D. noch weiter, und dispensirt abermals die Lehrer auch von dieser, durch ihn selbst so nachdrücklich eingeschärften Pflicht, den Religionsunterricht

nach der Anordnung des Herrn der Schule zu ertheilen, indem er davon nur so viel äußeren Schein übrig läßt, als nöthig ist, um den Herrn der Schule zu hintergehen und zu betrügen. Ich bitte, hier die Aufmerksamkeit zu verdoppeln und möglichst scharf zu prüfen, ob ich im Kleinsten zu viel behauptet habe. Um alles Licht auf diesen Punkt zu leiten, bin ich genöthigt, jene Stelle hierher zu setzen, die ich auch in meinem Hirtenbriefe angeführt habe, worin nämlich Herr D. seine Ansicht unumwunden ausspricht, **wie die Lehrer, bei abweichender innerer Gesinnung, ihre Pflicht zum Religionsunterricht erfüllen sollen.** Im Text kommt die Stelle zwar erst später vor, — sie hat aber hier ihre volle Bedeutung, und um zu zeigen, daß dieselbe im Zusammenhang keinen anderen Sinn erhält, werde ich sie, an ihrer Stelle, noch einmal aufnehmen. Sie lautet:

„Der öffentliche Lehrer lehrt conform dem Lehrinhalt seiner Kirche. Aber Niemand hindert ihn, sein subjectives Gefühl, seine subjective Stimmung hineinzutragen und mit diesen Factoren, die mächtiger wirken als der buchstäbliche Inhalt, ja diesen erst lebendig machen, auf die Kinder zu wirken. Je intensiver dieses Gefühl, je fester Gesinnung und Character, je klarer die Erkenntniß in ihm sind, desto tiefer und nachhaltiger wird er auf sie wirken. Nicht was du sagst, sondern was du bist und was du thust — das ist's."

So versteht also Herr D. die Sache, wenn er vorher gesagt hat, „diese Unterweisung, — nämlich in der bestimmten Kirchenlehre — hat die Schule übernommen, in derselben muß sie gelehrt werden, gehört mit zu der vom Lehrer übernommenen Verpflichtung. Er würde seiner Pflicht fehlen, wenn er dagegen handelte." Vergessen wir nicht, daß wir hier, in der Voraussetzung, einen Lehrer vor uns haben, **„in dem sich andere Ueberzeugungen, verschieden von der Lehre der Kirche, der er angehört und welcher seine Schüler angehören sollen, gestaltet haben,"** in dem also der Lehrinhalt seiner Kirche auf der einen Seite, und sein subjectives Gefühl und seine subjective Stimmung auf der anderen Seite sich widersprechen. Wie soll nun dieser Lehrer nach Diesterweg's eigenen Worten jene Pflicht gegen die Eltern, Kirche und Staat erfüllen? Er soll „**den Lehrinhalt seiner Kirche,"** „**den buchstäblichen Inhalt**" den Kindern vortragen; er soll dann aber mit seinem, jenem Inhalt widersprechenden **subjectiven Gefühle,** mit seiner widersprechenden subjectiven Meinung und Gesinnung auf die Kinder einwirken und dabei bedenken, daß, je intensiver dieses Gefühl, je fester Gesinnung und Character, je klarer seine Erkenntniß ist, desto tiefer und nachhaltiger die Wirkung sein wird, die er bei den Kindern, im Widerspruch zu dem Lehrinhalte seiner Kirche, hervorbringt. Anders lassen sich die Worte des Herrn D. gar nicht verstehen und es ist deßhalb Alles vollkommen wahr, was ich in meinem Hirtenbriefe über ein teuflisches System der Verführung der Kinder und des Betruges an den Eltern gesagt habe. Wie kann da noch redlich und ehrlich von einer Pflichterfüllung gegen Eltern und Kirche die Rede sein, wenn eben von dieser sogenannten Pflichterfüllung die Gelegenheit genommen wird, den Willen der Eltern und der Kirche so gründlich wie möglich zu Schanden zu machen! In meinem Hirtenbrief habe ich in dieser Hinsicht gesagt: „Weiter kann in der That der Betrug und die Schlechtigkeit kaum getrieben werden, wie es hier gerathen wird. Ich erinnere Euch, um dies recht einzusehen, an das, was ich vorher über das Verhältniß der drei Stufen des Religionsunterrichtes und über den Werth der verschiedenen Seelenfähigkeiten des Kindes gesagt habe. Nach diesem System der Lüge soll also der ungläubige Lehrer, dem niedersten Seelenvermögen, dem Gedächtniß, einige Brocken der Glaubensform darreichen, dagegen den Verstand und die Liebe dem Unglauben gewinnen." Hier ist vollkommen richtig bezeichnet, was Herr D. in der angeführten Stelle über die todte Form des kirchlichen Glaubens und die lebendige widersprechende Gesinnung des Lehrers, die zusammen dem Kinde beigebracht werden sollen, gesagt hat. Dagegen ruft Herr D. aus (S. 19.): „Wie wenig der Mann überhaupt weiß, was ich in Betreff des Unterrichtes für das Richtige erachte, konnte Derjenige, der dieses weiß, vollständig aus dem einen Umstande erschließen, daß dieser Mann mir vorwirft, ich wolle — wie er sagt, nach meinem System der Lüge — den Religionslehrer dazu bestimmen, dem niederen Seelenvermögen, dem Gedächtniß, einige Brocken der Glaubensform darzureichen. Ich — ein Vertheidiger des Gedächtnißkrames! so kennt mich der Mann!" Aber selbst hier ist es offenbar wieder nur auf einen unwahren Effekt abgesehen! Herr D. weiß recht wohl, daß ich an der bezeichneten Stelle nicht seiner Methode im Allgemeinen vorgeworfen habe, zu viel Gewicht auf die Uebung des Gedächtnisses zu legen. Ich habe aber Herrn D. aus seinen eigenen Worten überwiesen, daß er die Pflicht des Religionslehrers, die Glaubenslehre seiner Kirche zu lehren, zwar scheinbar hervorhebt, sie dann aber bis zu einer inhaltslosen Gedächtnißübung herabwürdigt, was eben Alles nur um so treu= und ehrloser ist, je mehr er selbst im Uebrigen den Gedächtnißkram, wie er ihn nennt, verspottet. Das ist die Sachlage; eben weil Herr D. den Gedächtnißkram überall und immer verspottet und verachtet, ist es um so unverantwortlicher, wenn er das, was er die Pflicht des Lehrers zum Religionsunterricht in der Confession der Kinder nennt, bis zu einem wirklichen leeren Gedächtnißkram herabwürdigt.

Herr D. ist uns jetzt noch den zweiten Grund für die Behauptung schuldig, daß der Lehrer seine, von der Kirchenlehre abweichende Ueberzeugung nicht mitzutheilen habe.

„Zu demselben Resultat, fährt er fort, führen pädagogische Gründe. Das Kind muß in seiner Unschuld und Unbefangenheit, in seinem Glauben und Vertrauen erhalten werden, Polemik gegen Glaubenslehren ist hier an unrechter Stelle, Bezweiflung zu meiden. Der Lehrer darf nicht."

Herr D. hat bisher als Moralist gesprochen und zwar, wie wir gesehen haben, nicht mit besonderem Erfolg, indem er die Gesetze der Sitte, der Ehrlichkeit und der Aufrichtigkeit kaum aufgestellt hat, um sie dann, im Interesse seiner Mißachtung gegen den christlichen Glauben, sammt und sonders über den Haufen zu werfen. Er bleibt ganz derselbe auch jetzt, wo er sich auf dem Gebiete der Pädagogik bewegen will. Herr D. hat eine gewisse Meisterschaft, indem er es fertig bringt, in einem so kleinen Sätzchen, wie das Angeführte, 1) Etwas im Interesse der Unwahrheit zu verschweigen, 2) aber sich so auszudrücken, daß Alles, was er sagt, unwahr und das Gegentheil überall wahr ist. Er verschweigt nämlich, daß es sich bei der Frage, die gestellt ist, nicht allein darum handelt, ob der Lehrer seine abweichende religiöse Ueberzeugung den Kindern mittheilen soll, sondern vor Allem, ob er verpflichtet ist, sie dem Herrn der Schule zu offenbaren, damit dieser, der den Lehrer in der sichern Voraussetzung angestellt und ihm den Religionsunterricht übertragen hat, daß er auch innerlich von Dem überzeugt sei, was er äußerlich bekennt, sofort erfahre, daß die erste Bedingung der Anstellung des Lehrers nicht mehr vorhanden ist, um dann hiernach seine weiteren Entschließungen fassen zu können. So gestellt kann die Frage, nach den allgemein anerkannten Grundsätzen über zweiseitige, unter gegenseitigen Bedingungen geschlossene Geschäfte, wie auch nach der Rücksicht auf die Unschuld und

Unbefangenheit der Kinder gar nicht Anders als bejaht werden. Aber auch hiervon abgesehen, wie ist doch Alles wieder so unwahr und trügerisch, ein äußerer Schein mit ganz widersprechendem Inhalt, was D. hier sagt. Also — „das Kind muß in seiner Unschuld und Unbefangenheit, in seinem Glauben und Vertrauen erhalten werden; Polemik gegen Glaubenslehre ist hier an unrechter Stelle; Bezweiflung [zu meiden," — so lauten die pädagogischen Gründe des Herrn D. So sonderbar uns dies aus dem Munde des Herrn D. auch klingen mag, so können wir uns mit diesen Grundsätzen nur vollkommen einverstanden erklären. Welche Mittel ergreift nun aber Herr D. zum Schutze dieser Glaubensunschuld der Kinder? Der Lehrer soll an der Schule bleiben, den Religionsunterricht, den er für unwahr hält, vor wie nach ertheilen, seine abweichende Ueberzeugung aber den Kindern nicht mittheilen. Welche Bedenken wir gegen diese Stellung haben, wegen des fatalen Grundsatzes „der rechtschaffene und aufrichtige Mann spricht die Wahrheit, d. h. das, was er für wahr hält, aus — seine Ueberzeugung; darin besteht die Ehrlichkeit und Aufrichtigkeit gegen Jeden," — worin wir mit Herrn D. so vollkommen einverstanden sind — haben wir schon gesagt. Wir sehen hier davon ab, um Herrn D. Schritt für Schritt zu folgen. Dadurch allein, daß der vom Glauben innerlich abgefallene Lehrer an der Schule bleibt, Religionsunterricht ertheilt und nicht officiell den Kindern seinen Abfall erklärt, ist offenbar noch nicht für die Glaubensunschuld der Kinder gesorgt. Es kommt also nun darauf an, wie sich Herr D. das Verhalten des Lehrers weiter denkt. Ein jeder vernünftige Religionsunterricht umfaßt drei Stufen. Die Lehre der Kirche muß dem Kinde erstens proponirt, dargestellt werden; sie muß zweitens dem Kinde erklärt, geistig klar gemacht werden, d. h. ihr geistiger Gehalt, ihre innere Wahrheit, Schönheit, ihr Zusammenhang, auf der einen Seite mit allen anderen natürlichen und geoffenbarten Wahrheiten, auf der anderen Seite mit den Pflichten und dem Leben der Kinder, muß dem Kinde zur inneren Anschauung und Einsicht gebracht werden; sie muß endlich drittens das Herz des Kindes selbst wahr, gut, heilig machen. Soll nun etwa der ungläubige Lehrer, im Interesse der Glaubensunschuld und Unbefangenheit des Kindes, in dieser dreifachen Beziehung den Religionsunterricht vortragen? Ich sehe hier davon ab, daß er Das absolut gar nicht kann; denn wie sollte der Lehrer den Kindern die Wahrheit, Schönheit ꝛc. einer Glaubenslehre erklären können, wenn er selbst sie nicht für wahr und schön ꝛc. hält? ich sehe ferner davon ab, daß, wie schon erwähnt wurde, auch nur der Versuch eines solchen Unterrichtes ein unaussprechlich schändliches Verbrechen gegen die Wahrheit wäre; es kommt hier nur darauf an, wie sich Herr D. selbst die Lehrthätigkeit eines solchen Lehrers, im Vortrag der Religion, denkt, um den Ernst seiner Behauptung beurtheilen zu können, daß der Lehrer, zum Schutz der Glaubenseinfalt der Kinder, an der Schule bleiben müsse.

Hier stehen wir nun wieder vor einem wahren Abgrund aller Unwahrhaftigkeit. Herr D. hat in keiner Weise einen Unterricht im Auge, wie wir ihn bezeichnet haben, sondern im geraden Gegentheil einen solchen, der, ganz klar ausgesprochen, darauf ausgeht, alle Glaubenseinfalt in der Kinderseele zu vernichten. Hören wir noch einmal seine Worte: „Der öffentliche Lehrer lehrt conform dem Lehrinhalt seiner Kirche. Aber Niemand hindert ihn, sein subjectives Gefühl, seine subjective Stimmung hineinzutragen und mit diesen Factoren, die mächtiger wirken als der buchstäbliche Inhalt, ja diesen erst lebendig machen, auf die Kinder zu wirken." Das ist also die Art, wie Herr D. das Kind in seiner Unschuld, in seinem Glauben bewahren will. Er schlägt dafür ein Mittel vor, welches gründlicher, als alle denkbaren anderen Mittel, allen Glauben, alle Unbefangenheit in der Kinderseele zerstören muß. Ich kann mir in Wahrheit Nichts denken, was innerlich mehr die Seele zerreißen und verwirren muß, als den Zustand eines Kindes in dieser von Herrn D. befürworteten Lage! Was muß da in der Seele vorgehen, wenn das Kind erst den Widerspruch zwischen der äußeren Lehre, welche der Lehrer vorträgt, und der subjectiven Stimmung, den subjectiven Gefühlen, der ganzen Gesinnung des Lehrers an tausend Einwirkungen des Lehrers zu empfinden anfängt? Das ist also die Fürsorge des Herrn D. für die Glaubenseinfalt der Kinder!

Doch, ich habe zur Genüge bewiesen, daß mein Urtheil über die Rathschläge, die Herr D. ungläubigen Lehrern ertheilt, vollkommen begründet gewesen ist und es entsteht unwillkürlich — bei Erwägung aller dieser Widersprüche, Unwahrheiten, Unredlichkeiten, die sich wie die Fäden eines Spinnengewebes verbinden, um unsere Jugend, ohne daß selbst die Eltern es bemerken können, im frühesten Alter in den Netzen des frechsten Unglaubens einzufangen — die Frage, wie denn eine solche verwerfliche Gesinnung bei einem Manne erklärt werden kann, der ohne Zweifel in seinem Privatleben die Grundsätze befolgen wird, die er selbst über Ehrlichkeit aufstellt und dem auch andere Verdienste bei allen seinen Verirrungen nicht ganz abgesprochen wer=

den können? Darüber gibt uns nun Herr D. vollen Aufschluß in dem, was noch von dem betreffenden Aufsatz übrig ist. Wir wollen ihn jetzt nicht mehr unterbrechen und bis zu Ende reden lassen. Zum Schluß werden wir dann noch einige Bemerkungen beifügen.

Herr Diesterweg fährt fort:

„Aber — wird man gleich einwerfen — dann ist er ein Heuchler.

„Gemach, gemach mit diesem harten Vorwurf! Wäre er gegründet, so würde ich mich nicht gegen ihn auflehnen; denn die Heuchelei ist auch nach meinem Ermessen der Gipfel aller Schändlichkeit und Verworfenheit.

„Der Lehrer wird angestellt, daß er die Kirchenlehre lehre, nicht seine Lehre, sondern die seiner Kirche. Hierbei wird vorausgesetzt, daß die Lehre seiner Kirche auch sein Glaube sei — eine ganz billige Voraussetzung; denn warum sollte er sich sonst zu dieser Kirche halten? — aber diese Voraussetzung schließt nicht die Möglichkeit aus, daß er in diesem oder jenem Punkte von der allgemeinen Kirchenlehre abweiche, dissentire, jetzt oder später, was beim Fortgange innerer Entwicklung nicht zu vermeiden ist. Dieser Dissensus kann freilich eine solche Höhe erreichen, daß es ihm als ehrlichem Manne nicht möglich ist, die Lehre der Kirche zu lehren. Dann bleibt ihm nichts übrig, als auszuscheiden, wenigstens auf den Religionsunterricht zu verzichten. Dieser äußerste Fall wird sehr selten eintreten; mir ist nur ein einziger Fall dieser Art im Leben vorgekommen. Es kommt hinzu, daß es nicht leicht zwei denkende Menschen, gewiß nicht zwei Geistliche geben wird, die in allen Stücken übereinstimmend denken und glauben, weil Solches der Individualität der Menschen widerspricht. Es kommt ferner die Erfahrung hinzu, die jeder Selbstbeobachter leicht an sich macht, daß die Einsichten in religiöse Gegenstände sich fort und fort ändern — sollte der gewissenhafte Lehrer nun das Recht oder gar die Verpflichtung haben, seine jedesmalige Ansicht, seine Zweifel ꝛc. sofort zu lehren?

„Es kommt endlich die Ueberzeugung hinzu, daß das, was in aller Religion die Hauptsache ist: Wärme des Gefühls, Liebe zu Gott, Gehorsam gegen seine und des Gewissens Gebote, Liebe zu Menschen, Tugendübung, sittliche Gesinnung und Leben von Wortgläubigkeit, von dieser oder jener Vorstellung sehr wenig oder gar nicht abhange. Auf diese Hauptsachen richtet der Lehrer sein Augenmerk! Wenn er in sich die religiöse Gesinnung ausbildet, so wird er ein Religionslehrer sein; wo nicht, nicht, und wenn er jeden Artikel, jeden Satz, jedes Wort des rechtgläubigen Sym=

bokums beschwören sollte. „„„Der Geist der Religion wohnt nicht in den Schalen der Dogmatik.""" (Asmus — Claudius.) — Er lehrt also nach Vorschrift die biblische Geschichte, den Katechismus.

„Er lehrt jene als Geschichte, wie man Geschichte, Erzählungen aus der alten und neuen Welt, lehrt, auch wenn er überzeugt ist, daß sie von Sagen und Mythen nicht frei sind. Die Hauptsache ist, daß er für die Herzen der Kinder aus den Geschichten Gewinn zieht.

„Gesetzt, er hält diese oder jene Geschichte für unwahrscheinlich, vielleicht für unmöglich — er wird sie übergehen, wenn er kann; wo nicht, so wird er sie als geschichtliche Erzählung lehren.

„Gesetzt ferner, er glaubt nicht an Wunder — fordern kann man doch den Wunderglauben nicht, und tadelte es ja der Erlöser selbst, wenn man den Glauben an höhere Dinge von ihnen abhängig machte — so übergeht er sie, wenn er kann, und wenn er nicht kann, wie er oft nicht können wird, so erzählt er sie als Geschichte, er erzählt ohne Polemik, legt auf diesen Inhalt der Geschichte nicht den Hauptaccent, macht ihn fruchtbar für Herz und Leben, kurz, zeigt sich überall als einen Mann, der da weiß, was das Wesentlichste in aller Religion ist und was er seiner Pflicht und den Kindern schuldig ist.

„Nach meiner Einsicht gehören daher die Conflicte, in welche ein Lehrer unter den gestellten Annahmen gerathen kann, zu den ersonnenen oder übertriebenen — junge Männer pflegen denselben vorübergehend zu verfallen, oder solche, welche das Wesen der Religion und Religiosität in der Starrgläubigkeit suchen, d. h. einer Verstandesreligion huldigen — weise und erfahrene Männer haben diese Einwürfe, Scrupel und Zweifel hinter sich, sie sorgen dafür, daß ihren Schülern die religiöse und sittliche Gesinnung so zum Eigenthum wird, daß der Zweifel an der Wahrheit dieses oder jenes Dogma's in ihrem künftigen Leben — wer kann dieselben bei der heutigen Weltlage von dem Einzelnen abhalten, kann man es ja nicht immer während der Schulzeit! — ihr nichts anhaben kann, sie nicht erschüttert. Der Zelot dagegen wird den Wortglauben, ein Bekenntniß in seiner Starrheit und Abstraktheit dem Gedächtniß und Gefühl der Kinder einzubohren bemüht sein, wie ein Despot dieselben anherrschen, ihnen den Zweifel oder den Glauben Anderer als die größte Versündigung darstellen und sie mit den ewigen Höllenstrafen bedrohen, in solcher Weise die Schüler und Schülerinnen zwar zu starrem, eintönigem Bekenntniß während der Schulzeit veranlaffen, aber zugleich die Gefahr herbeiführen, daß sie, der Zwangsschule entronnen, zu freierer Ueberzeugung gelangt und den Zweifeln ausgesetzt, das in den Kinderjahren Erlernte über Bord werfen oder gar — ein leider nicht allzu seltener Fall — die Religionsstunden verwünschen.

"Der öffentliche Lehrer lehrt conform dem Lehrinhalt seiner Kirche. Aber Niemand hindert ihn, sein subjectives Gefühl, seine subjective Stimmung hineinzutragen und mit diesen Factoren, die mächtiger wirken als der buchstäbliche Inhalt, ja diesen erst lebendig machen, auf die Kinder zu wirken. Je intensiver dieses Gefühl, je fester Gesinnung und Character, je klarer die Erkenntniß in ihm sind, desto tiefer und nachhaltiger wird er auf sie wirken. Nicht was du sagst, sondern was du bist und was du thust — das ist's.

"Ich will meine Ansicht über die Behandlung der religiösen Anlage im Menschen noch in einem besonderen Artikel darlegen; vorerst aber noch einige Belegstellen zu den vorstellenden Bemerkungen und (subjectiven) Rathschlägen von dreien unter den ersten Männern beifügen.

""Kein öffentlich angestellter Lehrer darf schlechthin lehren, was er will, wie es ihm im Augenblicke einfällt; er soll die Wissenschaft oder Kunst lehren, dazu ihn der Staat bestellt. Ihm, dem Privatmann, bleiben alle Gedanken frei."" Herder in den Schulreden.

""Der öffentliche Gebrauch seiner Vernunft muß jederzeit frei sein, und der allein kann Aufklärung unter Menschen zu Stande bringen. Ich verstehe aber unter öffentlichem Gebrauch seiner eigenen Vernunft denjenigen, den Jemand als Gelehrter von ihr vor dem ganzen Publikum der Leserwelt macht.""

""Den Privatgebrauch nenne ich denjenigen, den er in einem ihm anvertrauten Posten oder Amte von seiner Vernunft machen darf.""

""Ein Geistlicher (ein Lehrer) ist verbunden, seinen Katechismusschülern und seiner Gemeinde nach dem Symbol seiner Kirche, der er dient, seinen Vortrag zu halten; denn er ist auf diese Bedingung angenommen worden. Aber als Gelehrter hat er volle Freiheit, ja sogar den Beruf dazu, alle seine sorgfältig geprüften und wohlmeinenden Gedanken über das Fehlerhafte in jenem Symbol und Vorschläge wegen besserer Einrichtung des Religions- und Kirchenwesens dem Publikum mitzutheilen. Der Gebrauch also, den ein angestellter Lehrer von seiner Vernunft vor seiner Gemeinde macht, ist bloß ein Privatgebrauch.""

„Kant in seiner mit Recht berühmten Abhandlung: „„Was ist Aufklärung?"" — Der große Mann anerkennt also die wichtige Wahrheit, daß die (zufällige) Stellung, die ein Mensch im Leben einnimmt, ihn nicht des (absoluten) Rechtes beraubt, seine Ueberzeugung auszusprechen. Vielmehr bleibt dieses Recht unangetastet. Ein preußischer Minister hat dieses öffentlich anerkannt (in der Ministerialverfügung über die Betheiligung der Lehrer an politischen Dingen, December 1848).

„„Für persönliche Meinungen und Ueberzeugungen und die Aeußerung derselben auf dem Gebiete der **allgemeinen** gesetzlichen Freiheit — also **außerhalb** des besonderen Amtes als Lehrer — kann eine Zurechnung oder Verantwortlichkeit auf dem Gebiete der Dienstdisciplin nicht stattfinden."" v. Ladenberg, 1848.

„„Hüte Dich, Du fähigeres Individuum, der Du an dem letzten Blatte des Elementarbuches stampfest und glühest, hüte Dich, es Deine schwächeren Mitschüler merken zu lassen, was Du witterst, oder schon zu sehen beginnst. Bis sie Dir nach sind, diese schwächeren Schüler!"" (Lessing in der „Erziehung des Menschengeschlechts, §. 68, 69.")

Hier ist nun zuvörderst einleuchtend, daß Herr D. auf den Einwurf, den er sich selbst bezüglich der bis dahin entwickelten Grundsätze macht: „Aber — wird man gleich einwerfen — dann ist er ein Heuchler," direct gar keine Antwort gibt.

Herr D. hat nämlich, wie wir gesehen haben, drei Grundsätze aufgestellt, mit denen wir durchaus einverstanden sind. Wir wiederholen sie noch einmal mit seinen eigenen Worten:

1) „Der aufrichtige Mann spricht die Wahrheit, das, was er für wahr hält, aus — seine Ueberzeugung." Er drückt dasselbe auch so aus: „Der aufrichtige Mensch spricht zu denjenigen, die er für reinen Herzens erachtet, seine innersten Ueberzeugungen auch über schwierige Verhältnisse aus," und verspricht dann sofort: „Dies soll hier geschehen!" Wir haben es also in der ganzen Angelegenheit nicht nur mit den Ansichten, sondern sogar mit den „innersten Ueberzeugungen" des Herrn D. zu thun, die er nur Solchen mitzutheilen pflegt, die in seinen Augen „reinen Herzens" sind."

2) „Der Lehrer wird angestellt, daß er die Kirchenlehre lehre, nicht seine Lehre, sondern die seiner Kirche."

3) „Das Kind muß in seiner Unschuld und Unbefangenheit, in seinem Glauben und Vertrauen erhalten werden."

In vollem Widerspruch mit diesen drei Grundsätzen stehen aber die Rathschläge, welche Herr D. den Lehrern ertheilt, welche innerlich vom Glauben ihrer Kinder abgefallen sind, — was ich, wie ich glaube, hinreichend bewiesen habe. Der ungläubige Lehrer soll nämlich

1) der Pflicht des ehrlichen Mannes entgegen, nicht sprechen und lehren, was er für wahr hält, nicht offen und ehrlich seine innerste Ueberzeugung kund geben, sondern vielmehr sie verbergen, geheim halten; er soll

2) der Pflicht des Lehrers entgegen, nur äußerlich, buchstäblich, die Kirchenlehre vortragen; im Geheimen aber, versteckt, seine gegentheilige Gesinnung, auf Schleichwegen, wie durch Hinterthüren, in das Herz der Kinder einführen; er soll endlich

3) den Grundsätzen einer ehrlichen Pädagogik entgegen, durch die bezeichneten treulosen Mittel die Unbefangenheit und Unschuld der Kinder in ihrem Glauben zu Grunde richten.

Diese Rathschläge führen offenbar zum äußersten Grad der Heuchelei. Herr D. leugnet es, ohne jedoch seine Behauptung, in der mitgetheilten Stelle, auch nur mit einem einzigen Worte zu beweisen.

Was er uns dagegen sagt, ist ganz geeignet, um uns darüber Aufschluß zu geben, wie es geschehen kann, daß Herr D. die bodenlose Unehrlichkeit bezüglich der wichtigsten und höchsten Güter der Menschheit, die wir in seinen Rathschlägen erkennen, auch gar nicht einmal zu ahnen und zu empfinden scheint, und wie es ferner möglich ist, daß derselbe Mann, der von sich selbst — und wie wir durchaus annehmen mit aller Aufrichtigkeit — sagt: „Heuchelei ist auch nach meinem Ermessen der Gipfel aller Schändlichkeit und Verworfenheit," ein ganzes System von Heuchelei für die Behandlung der christlichen Glaubenswahrheiten entwerfen kann, ohne diese Schändlichkeit irgend zu erkennen.

Der kurze Inhalt, der Sinn der eben mitgetheilten Stelle ist nämlich folgender: Auf die christlichen Glaubenswahrheiten kommt es eigentlich gar nicht an. Sie haben keinen oder sehr geringen Werth. Ob der Lehrer sie so oder so vorträgt, ist an sich alleinerlei, und wenn man daher auch in allen anderen Dingen ehrlich und aufrichtig sein muß, wenn auch der Lehrer im Grunde verpflichtet ist, nicht seine Meinung, sondern die Kirchenlehre vorzutragen, so kann man doch hier schon Etwas heucheln, weil eben da Alles einerlei, Alles gleich werthlos ist. — Ich glaube, daß wir hier endlich vor jenen „innersten Ueberzeugungen" des Herrn D. stehen, die er, wie er sagt, Jenen mittheilt, die „reinen Herzens" sind, und daß wir damit auch den Schlüssel besitzen, der uns einigermaßen die zahllosen Widersprüche, die wir gefunden haben, erklärt. Wir müssen das Alles noch etwas näher betrachten.

Vorher haben wir bereits gesehen, daß Herr D. den menschlichen Geist, insbesondere sein Vermögen, Wahrheit zu erkennen, für ein ewig bewegliches Fluidum erklärt; ja daß er so weit geht, die Veränderung und den Wechsel in der Erkenntniß des menschlichen Geistes für etwas so Nothwendiges zu halten, wie den Wechsel in der Form und Gestalt eines Steines. Damit ist dem Geiste des Menschen die Fähigkeit einer festen, bleibenden Erkenntniß abgesprochen, — es ist ihm abgesprochen das Recht zu der Zuversicht, daß das, was er für wahr hält, immer und ewig wahr bleiben wird, — er ist beraubt seiner höchsten und edelsten Seelenkraft, — er muß endlich daran verzweifeln, sein tiefstes Bedürfniß, das er in sich empfindet, das Bedürfniß nach Wahrheit, je befriedigen zu können. Bei solchen gräulichen Verirrungen des Menschengeistes, wie wir sie in dieser Aeußerung des Herrn D. vor uns haben, ist die Thatsache ein großer Trost, daß der gesunde Menschenverstand des ganzen Menschengeschlechtes dagegen protestirt, und daß jedes Kind, mit derselben Bestimmtheit, mit der es weiß, daß es die Luft einathmen muß, um zu leben, auch die Gewißheit mit auf die Welt bringt, daß es allgemeine Wahrheiten gibt, und daß alle Menschen sie erkennen können und müssen, wenn sie vernünftig und sittlich sein wollen.

Herr D. überträgt nun diese Verzweifelung an der Fähigkeit des Erkenntnißvermögens in der zuletzt mitgetheilten Stelle, mit lobenswerther Consequenz, auch auf alle religiösen Erkenntnisse und sagt deßhalb: „Es kommt die Erfahrung hinzu, die jeder Selbstbeobachter leicht an sich macht, daß die Einsichten in religiösen Dingen sich fort und fort ändern." Wir müssen uns hier nicht durch das Wahre täuschen lassen, das in einer Hinsicht dieser Ausspruch an sich hat. Wenn nämlich auch die Seele des Menschen vollkommen befähigt ist, ewige, unveränderliche Wahrheiten mit voller Sicherheit zu erkennen, so ist doch in der Tiefe und Ausdehnung des Verständnisses und der Einsicht in diese Wahrheiten ein Fortschritt nicht nur möglich, sondern naturnothwendig. Das Kind und der vollendete Christ beten: „O mein Gott, ich liebe dich, weil du bist das höchste und vollkommenste Gut," — aber der Umfang ihrer Erkenntniß vom höchsten Gut ist sehr verschieden. Sie sehen denselben Stern, aber in verschiedener Klarheit. Das hat aber Herr D. mit seinem „ewig beweglichen Fluidum des menschlichen Geistes" und mit seinem „Wechsel fort und fort in der Erkenntniß religiöser Dinge" offenbar nicht sagen wollen. Seine Grundansicht ist vielmehr trostlose heidnische Skepsis, Leugnung ewiger, im Wesen unveränderlicher, religiöser Wahrheiten, für alle Menschen und unter allen Verhältnissen, wenigstens Leugnung des Vermögens im Menschen, sie als solche zu erkennen.

Diese Skepsis überträgt nun Herr D. weiter, von den Erkenntnissen religiöser Dinge im Allgemeinen, auch auf alle Wahrheiten und Lehren des Christenthums, auf alle Glaubenssätze. Mit demselben Rechte, mit dem ein Schwindsüchtiger beanspruchen würde, daß, weil er schwindsüchtig ist, auch alle anderen Menschen schwindsüchtig sein müßten, verlangt Herr D., daß, weil er, wie er uns gesteht, seine religiösen Erkenntnisse fort und fort gewechselt hat und fortwährend wechseln wird, so auch alle Menschen darauf verzichten, feste religiöse Ueberzeugungen zu haben. Wie diesem Kranken die Gesundheit Anderer, so scheint ihm die ruhige, feste, die ganze Seele erfüllende Ueberzeugung des Christen — das Christenthum mit seinen Dogmen und Lehren, die den Anspruch machen, von allen Menschen anerkannt zu werden und noch unverändert fortzubestehen, wenn Himmel und Erde vergehen, als der Höhepunkt aller Anmaßung. Weil Herr D. seine religiösen Erkenntnisse fort und fort verändert, deßhalb muß nothwendig das ganze Menschengeschlecht dasselbe thuen. Aus diesem zerrütteten, skeptischen Seelenzustande, den Herr D. natürlich für Aufklärung hält, kommt dann endlich jene empörende Gleichgiltigkeit gegen die göttliche Offenbarung, die er mit einer Art von Wohlgefallen zur Schau trägt, die ihm jedes Gefühl, jeden Sinn dafür benimmt, was der Christ empfindet, wenn er sieht, daß Menschen durch heuchlerischen Unterricht jenes Licht vom Himmel, welches der Sohn Gottes selbst uns Menschen herabgebracht hat, den Kindern verdunkeln wollen, um sie wieder in die Nacht des Heidenthums und der verzweiflungsvollen Unwissenheit über alle höheren Fragen des Lebens zurückzustoßen.

Die Summa dieser ganzen trostlosen Lehre des Herrn D., wodurch der Menschengeist so tief erniedriget wird, kann ich in folgenden Sätzen zusammenfassen:

1) Der Geist des Menschen ist, seinem Wesen nach, ein ewig wech-

selndes Fluidum, und kann folglich keine im Wesen unveränderliche Wahrheitserkenntniß haben;

2) deßhalb müssen sich auch nothwendig seine religiösen Erkenntnisse fort und fort ändern;

3) deßhalb kann es ferner keine unveränderlichen Offenbarungswahrheiten für ihn geben;

4) deßhalb ist es endlich auch ganz gleichgiltig, welche Lehren des Christenthums der Lehrer für wahr hält oder nicht.

Hier müssen wir aber sofort beifügen, daß Herr D. weit davon entfernt ist, diese äußerste Unvernunft auszusprechen, ohne auch, in demselben Aufsatze, das gerade Gegentheil mit derselben Entschiedenheit geltend zu machen. Es bleibt uns noch übrig, diesen letzten und größten Widerspruch, in dem Herr D. sich mit sich selbst befindet, zum Schlusse nachzuweisen. Wir sehen daraus immer mehr, mit welcher Schnelligkeit dieser Herr nicht nur seine religiösen Erkenntnisse, sondern auch alle anderen „fort und fort verändert," so daß man, wenn nicht das verachtete christliche Dogma entgegenstände, Herrn D. Seele allerdings für ein immer wechselndes Fluidum zu halten versucht sein könnte.

Herr Diesterweg hat nämlich in demselben Aufsatze, worin er dem Geiste, wie wir eben gesehen, alle festen, bleibenden Erkenntnisse abspricht, doch auch wieder den ganz widersprechenden Satz ausgesprochen: „die Wahrheitsliebe regiert und bestimmt alles Denken, Meinen, Glauben." Vortrefflich! Die ganze katholische Christenheit und außerdem Alles, was in allen Menschenseelen an Wahrheitsliebe vorhanden ist, ruft ihm Beifall zu. Sehen wir aber, wie Herr D. diesen Satz kaum ausgesprochen hat und schon wieder daran ist, ihn zu leugnen und das Gegentheil zu behaupten. Aus diesem Satze folgt nämlich mit logischer Nothwendigkeit: Die Wahrheitsliebe, die Wahrheit, muß also auch das Verhältniß des Menschen zu Gott und zu seinen Mitmenschen regieren, leiten und ordnen. Erkannte Wahrheiten müssen in der Seele des Menschen vorangehen, und aus ihnen geht dann hervor Liebe zu Gott, Liebe zu den Menschen, sittliche Gesinnung, das Tugendleben ꝛc.

Ganz so denkt die katholische Kirche und richtet darnach die Erziehung des Menschen ein. Die höchste und sicherste Wahrheit ist ihr die von dem Sohne Gottes selbst geoffenbarte Wahrheit, die sie in ihren Glaubenssätzen und Dogmen ausgesprochen findet. Um nun den Menschen nach der Wahrheit überhaupt und insbesondere nach der christlichen Wahrheit auszubilden, so daß in der That sein ganzes Dasein von der Wahrheitsliebe regiert wird, erkennt sie eine gewisse Ordnung und Unterordnung unter den Fähigkeiten des Menschen — eine heilige Ordnung, Hierarchie — für nothwendig. In dieser heiligen Ordnung, in der der Mensch sich und alle seine Fähigkeiten ausbilden soll, ist die Gottesliebe und die aus der Gottesliebe hervorgehende Nächstenliebe das höchste Ziel und Ende, aber nicht der Anfang, nicht das Fundament. Tugendleben, sittliche Gesinnung, edle Gefühle 2c. sind gleichfalls Ziel der Ausbildung, sie erscheinen aber in der rechten Ordnung als Früchte, nicht aber als Anfang, nicht als Fundament. Als Anfang und Fundament legt dagegen die Kirche die Wahrheit in die Seele des Kindes, und zwar die höchste Wahrheit, einen Funken Licht aus dem Himmel. Auf diesem Boden der Wahrheit erbaut sich dann eine Liebe zu Gott, die wahr ist, d. h. den wahren Gott, keinen Götzen, zum Gegenstand hat, — eine Liebe zum Nebenmenschen, die wahr und nicht Eigennutz oder Selbstliebe ist, — wahre Tugenden, — wahre, reine Gefühle, — wahre Sittlichkeit.

Herr D. aber entblödet sich nicht, trotz des ausgesprochenen Grundsatzes, das Gegentheil zu behaupten. Plötzlich ist es nicht mehr die Wahrheitsliebe, die Alles leiten und regieren soll. Er stellt nur wahre Sätze auf, um sie im selben Augenblicke zu verleugnen. Was er vorhin bezüglich der Grundsätze des ehrlichen Mannes, der Pflichten des Lehrers, der Forderungen einer ehrlichen Pädagogik gethan, das thut er jetzt bezüglich des Satzes: „Die Wahrheitsliebe regiert und bestimmt Alles;" denn sofort tritt der Gegenpart in Herrn D., seine der Wahrheit entfremdete Doctrin, mit den Ansichten von dem ewigen Fluidum der Menschenseele dagegen auf und sagt: „Es kommt endlich die Ueberzeugung hinzu, daß das, was in aller Religion die Hauptsache ist: Wärme des Gefühls, Liebe zu Gott, Gehorsam gegen seine und des Gewissens Gebote, Liebe zu den Menschen, Tugendübung, sittliche Gesinnung und Leben, von Wortgläubigkeit, von dieser oder jener Vorstellung, wenig oder gar nichts abhange. Auf diese Hauptsachen richtet der Lehrer sein Augenmerk. Wenn er in sich die religiöse Gesinnung ausbildet, so wird er ein Religionslehrer sein; wo nicht, nicht, und wenn er jeden Artikel, jeden Satz, jedes Wort des rechtgläubigen Symbolums beschwören sollte."

Das ist nun Alles eben so wahr, als wenn ich sagen würde:

Bei der Landwirthschaft kommt Alles auf die Erndte an; auf sie richtet der Ackersmann sein Augenmerk; von der Einsaat, von dieser oder jener Behandlungsweise des Bodens hängt sehr wenig oder gar nichts ab. Herr D. hat ein merkwürdiges Talent, die gröbsten Unwahrheiten mit Wahrheiten zu verbinden, die Niemand bestreitet, und dann von diesen Wahrheiten den Schein herzunehmen, mit dem er für weniger urtheilsfähige Leser jene tollen Irrthümer zudeckt. So hier! Daß eine bloße Wortgläubigkeit, ein Glauben ohne Ueberzeugung, oder ein Glauben ohne entsprechende Sittlichkeit, ohne entsprechende Gottes= und Nächstenliebe, keinen Werth hat, ist ja von keiner Seite bestritten. Daß ferner Liebe zu Gott und den Nebenmenschen und die dieser Liebe entsprechende Gesinnung insofern die Hauptsache ist, als in ihr das Ziel und Ende, die Vollendung aller Religion besteht, ist ja von allen Seiten zugegeben. Wie kann Herr D. es aber wagen, in so ernsten Dingen wahre Taschenspielerei zu treiben, und mit so allgemein anerkannten Sätzen, unter dem Scheine eines inneren Zusammenhanges oder einer Schlußfolgerung, den tollen Irrthum zu verbergen, daß es bei der Erziehung der Jugend zur Gottesliebe, zur Nächstenliebe, zur sittlichen Gesinnung „auf diese oder jene Vorstellung sehr wenig oder gar nicht ankomme." Diese oder jene Vorstellung von Gott ꝛc. ist ja aber gerade das Mittel zur Gottesliebe! Soll denn das vernünftige Kind Etwas lieben, ohne eine Vorstellung von dem zu haben, was es lieben soll? Oder hängt die rechte Liebe zu einer Sache nicht ab von der rechten Erkenntniß ihres Werthes? Oder ist es einerlei, ob wir zur Erlangung der Gesundheit die rechte Medicin, zur Erreichung des Zieles den rechten Weg finden? Diese oder jene Vorstellung von Gott ꝛc. ist ja aber ferner die Wahrheit, die wegen der Wahrheitsliebe Alles, auch den Glauben, regieren soll! Was fängt doch Herr D. hier an! Kennt er eine Wahrheitsliebe, die regiert, ohne Vorstellungen von der Wahrheit? einen Weg, den man weiß, ohne ihn zu wissen? Oder gilt das, was überall gilt, nur bei der Religion nicht, weil man keine will? Wie denkt sich ferner Herr D. den Lehrer, der in sich „religiöse Gesinnung ausgebildet hat" und dadurch, wie er sagt, „ein Religionslehrer" ist. Hat sich dieser Lehrer „religiöse Gesinnung gebildet" ohne „religiöse Vorstellungen?" Dann scheint er mir kein vernünftiger Mensch mehr zu sein. Hat er aber aus „religiösen Vorstellungen" als Folgerung sich „religiöse Gesinnung" gebildet, wie geschieht es denn, daß es bei den Kindern auf

„diese oder jene religiöse Vorstellung" gar nicht ankomme?! Herr D. widerspricht aber nicht nur sich selbst, sondern auch aller Wirklichkeit im täglichen Leben. Hat denn die Verschiedenheit der „Vorstellung", welche der Götzendiener, der Atheist, der Pantheist und endlich der gläubige Christ von Gott hat, keinen oder nur sehr geringen Einfluß auf die Liebe zu Gott, auf die Auffassung seines Willens, seiner Gebote? Hat die Verschiedenheit in der „Vorstellung" über die Person Jesu Christi zwischen dem Rationalisten, der in ihm nur einen bloßen Menschen anerkennt, und dem gläubigen Christen, der in ihm die göttliche Natur anbetet, keinen oder nur sehr geringen Einfluß auf die Liebe zum Erlöser, auf die Beurtheilung seines ganzen Werkes, seiner Kirche, seiner Lehre, seiner Gebote, seiner Sacramente? Hat endlich die Verschiedenheit in den „Vorstellungen" über den Menschen selbst, in dem der Christ, der christliche Lehrer, eine unsterbliche Seele, ein Bild Gottes, einen Erben des Himmels, einen Tempel des heiligen Geistes, einen Werth nach dem Werthe des Blutes Jesu Christi erkennt; der Materialist dagegen einen Stofftheil, der bald im Menschen, bald im Thiere, bald in der Pflanze steckt, keinen oder nur geringen Einfluß auf die Liebe zum Menschen überhaupt und auf die Liebe und Behandlung des Kindes insbesondere?

Ich könnte weiter gehen und erwähnen, daß die ganze Kraft des Christenthums auf allen Gebieten des menschlichen Daseins im Ganzen und im Einzelnen, abgesehen von der unsichtbaren Gnade, aus den Lehren, den Glaubenssätzen, dem Dogma des Christenthums hervorgegangen ist, um auch an den Thatsachen der Geschichte die Verblendung des Herrn D. nachzuweisen, wenn er den Einfluß der christlichen Wahrheiten auf die Gesittung der Menschen leugnet, — doch es ist zum Ueberfluß genug. Das Gegentheil von Allem, was Herr D. hier sagt, ist offenbare Wahrheit. Die religiöse Gesinnung, das Tugendleben hängt von der Liebe Gottes ab, wie die Frucht vom Baume, — die Liebe Gottes aber von der Vorstellung, von den Glaubenswahrheiten, wie der Baum von der Wurzel. Darauf kommt also Alles an, und hierüber kann ein ehrlicher Streit zwischen den verschiedenen Glaubensbekenntnissen bestehen, wo die gesunde Wurzel des religiösen Lebens, wo die wahren religiösen Vorstellungen sich befinden; wie aber ehrlich und wahrhaft der Zusammenhang zwischen dem religiösen Leben und den Vorstellungen über die Glaubenswahrheiten geleugnet werden kann, ist nicht zu begreifen.

Ich habe nun die Widersprüche und Unwahrheiten, die Herr D. in einem kleinen Aufsatze angehäuft hat, hervorgehoben und das Urtheil hinreichend begründet, welches ich über seine Rathschläge ausgesprochen habe. Was kürzlich von einer anderen bekannten Persönlichkeit gesagt worden ist, gilt aber auch ganz von Herrn D.: „Er weiß alle seine Auslassungen so einzurichten, daß sie nach Art guter diplomatischer Schriftstücke widersprechende Sätze und Grundsätze nebeneinander enthalten, so daß es ihm jederzeit ein Leichtes ist, jedem Gegner, von welcher Seite er komme, eine andere Seite des Schildes entgegen zu halten und jeder Wendung des Schicksals gerecht zu werden." Dadurch wird es Herrn D. möglich, jede Anklage, sie mag noch so gut begründet sein, doch mit einigem Scheine auch wieder zu bestreiten.

Vielleicht werden einige meiner Leser es mißbilligen, daß ich mich in meiner Stellung und unter so gehäuften Pflichten so lange mit der Widerlegung der D'schen Ansichten aufgehalten habe. Es liegt auch keineswegs in meiner Absicht, mich wiederholt mit Herrn D. zu beschäftigen. Die im Eingang erwähnte, gegen mich gerichtete, Broschüre des Herrn D. werde ich ihrem weiteren Inhalt nach ganz unberücksichtigt lassen, da sie mit allen ihren unzusammenhängenden Behauptungen, Spöttereien, Verdrehungen, Zweideutigkeiten 2c. 2c. zu sehr das Gepräge eines ganz verwirrten, leidenschaftlichen Kopfes an sich trägt, um einer eingehenden Besprechung würdig zu sein. Ich überlasse es gerne Herrn D., sich auf die Autorität des Herrn Bunsen zu berufen und habe nichts dagegen, wenn Herr Bunsen bei einer nächsten Gelegenheit die Autorität des Herrn D. gegen mich anrufen will. Sie sind in der That in Grundsätzen und Methode ganz verwandte Geister. Außer den Gründen, die ich im Eingange erwähnt, habe ich aber geglaubt, daß es im Interesse unserer Schulkinder liegen könne, an einem Beispiele die namenlose Gedankenverwirrung eines Mannes nachzuweisen, der ohne Zweifel der Führer aller ungläubigen Lehrer unseres Vaterlandes ist. Jede Arbeit aber im Interesse der uns von Gott anvertrauten Kinder halte ich für eine höchst berechtigte in meinem Berufe.

Ein Mahn- und Hirtenwort

des

Bischofs Wilhelm Emmanuel von Mainz.